All of [...]
with our [...]
of you w[...]
sible po[...]
spellers.

[...] how
often you [...] makes a mistake in spelling; if you
are a student, you know that even your teacher or
professor misspells. Doctors, lawyers, Indian
chiefs, even presidents are known to misspell.
Why?

IT'S OUR ENGLISH LANGUAGE

If you're unsure of your spelling, it is by no
means your fault. It's due to the fact that very
often there is no rhyme or reason for the spelling
of a great many words in the English language.

As an example, take the sound of the letter f. It
can be spelled gh, ph, ft, as well as f. The following
words illustrate the above variations.

enough   **phone**   **often**   **fun**

None other than George Bernard Shaw created
the following spellings, just to point out the incon-
sistencies in our language:

fish—GHOTI

potato—GHOUGHPTEIGHBTEAU

Stumped? Here's the solution—

FISH

gh as in enough   o as in women   ti as in nation

Sure enough, it's FISH!

POTATO is even more fun—

p as in hiccough

o as in though

t as in ptomaine

a as in neigh

t as in debt

o as in bureau

HOW TO USE
THE BAD SPELLER'S DICTIONARY

Dictionaries, as you know, are wonderful tools
for everyone who reads and writes. There is just

one catch: you must know how to spell a word correctly in order to find it in an ordinary dictionary.

Not so with *The Bad Speller's Dictionary*. We have arranged thousands of spelling demons according to their common misspellings. No longer do you have to hunt and seek through many pages for a correct spelling. In *The Bad Speller's Dictionary* you simply look up any word as you think it might be spelled—the correct spelling follows. For example:

The **sergeant** and the **colonel** had **ptomaine** poisoning. If you wanted to check the spelling of these three words you could spend hours looking them up in the standard dictionary under the headings of:

sar	ker	to

We have eliminated this problem entirely. NOW YOU DO NOT HAVE TO KNOW THE CORRECT SPELLING OF A WORD IN ORDER TO FIND IT. Simply look up the word as you think it is spelled in the left-hand column of incorrect spellings. If you are misspelling, you will find the word in alphabetical sequence in the left-hand column with the correct spelling in the right-hand column.

If you do not find it in the incorrect spelling list, you are most likely spelling correctly. To make sure, check your spelling in the **QUICK LIST OF CORRECT SPELLINGS** in the back of the book. Here, all the spelling demons are arranged alphabetically by their correct spellings.

Take the word **sergeant**. Suppose you thought it was spelled **sargent**. Look up the word your way—

Incorrect	**Correct**
sargent	**sergeant**

Or suppose you were in doubt as to the spelling of the word **ptomaine**. You're not sure if the word begins with a **p** or a **t**. You lean towards the **t's** however, and following your inclination you will find—

Incorrect	**Correct**
tomaine	**ptomaine**

If you had looked for **ptomaine** under p's you would not have found it because you were spelling it correctly. Just double check in the short alphabetical **QUICK LIST OF CORRECT SPELLINGS** at the end of the book.

LOOK-ALIKES OR SOUND-ALIKES

Very often, spelling mistakes are made because we confuse words which look alike or sound alike. For example **to, too,** and **two;** or **it's** and **its.** We have arranged hundreds of such troublesome pairs in the **Look-Alikes or Sound-Alikes** sections of this book, which are found at the end of each letter of the alphabet. A brief definition or key identifying word is given, so that you know immediately which word to use and spell correctly.

SOURCES OF THE WORDS

Some of you may be amazed at the extent and types of spelling errors found in *The Bad Speller's Dictionary.* You might even scoff: "Nobody spells like that!" But those of you who have been exposed to correspondence, stories, advertisements, and articles know just how bad the situation is. The misspellings in this book were compiled from real-life examples in students' tests and essays, office correspondence, ads, articles and stories in print and in manuscript, signs, official notices, and in studies of spelling. The headline writer who wrote about teenagers sniffing "viles" of glue (see our look-alikes and sound-alikes) may be saying more with his misspelling than with correct spelling, but it is still wrong. This is just one of the hundreds upon hundreds of clippings in our files. In fact, we couldn't use many of the words we have collected because of space, and because we felt some were beyond belief. We welcome from the users of *The Bad Speller's Dictionary* examples of misspelling not found in this book.

It is interesting that there is no single pattern of misspelling. This may be one reason why there is a paucity of literature dealing with the causes of spelling errors. We know that phonetic spelling is a key source, but it is far from the only one. Regional speech dialects, transposition of letters, and illogic, all play their role, but a definitive study on the causes of misspelling is yet to be done.

A WORD OF CAUTION

Too often we misspell words without ever realizing it. Therefore, every once in a while, check a spelling even though you think it is correct. You might be surprised.

Keep *The Bad Speller's Dictionary* close at hand. It should be on your desk, at your typewriter, in your briefcase. Refer to it whenever you are in doubt.

Incidentally, try it on your family or friends one night when the TV set is broken.

A

Incorrect	Correct	Incorrect	Correct
abbandon	**abandon**	accownt	**account**
abbolition	**abolition**	accrew	**accrue**
abcess	**abscess**	accrobat	**acrobat**
abdeman	**abdomen**	across	**across**
abillity	**ability**	accrostic	**acrostic**
abiss	**abyss**	accseed	**accede**
abreviate	**abbreviate**	accumen	**acumen**
abrup	**abrupt**	accur	**occur**
absalutuly	**absolutely**	accurecy	**accuracy**
abscence	**absence**	accurit	**accurate**
abserd	**absurd**	accute	**acute**
absess	**abscess**	acend	**ascend**
absint	**absent**	acer	**acre**
abuze	**abuse**	acertain	**ascertain**
abzurd	**absurd**	acheive	**achieve**
accademic	**academic**	acknowledgement	**acknowledgment**
acceed	**accede**	ackwire	**acquire**
accellarate	**accelerate**	aclimate	**acclimate**
accerasy	**accuracy**	acnowledge	**acknowledge**
accidently	**accidentally**	acommodate	**accommodate**
acclame	**acclaim**	acompany	**accompany**
accnowledge	**acknowledge**	acomplice	**accomplice**
accomodate	**accommodate**	acomplish	**accomplish**
accoustics	**acoustics**	acord	**accord**
		acording	**according**

1

Incorrect	Correct	Incorrect	Correct
acordion—	accordion	addement	————
acost	accost		— adamant
acount	account	addhere	adhere
acountent	————	addick	addict
	— accountant	addministeration	—
acquantence	————		— administration
	— acquaintance	addmiral	admiral
acquasition	————	addmit	admit
	— acquisition	addorible	————
acquitle	acquittal		— adorable
acrabat	acrobat	addult	adult
acredit	accredit	adelesense	————
acrege	acreage		— adolescence
acrew	accrue	Adenower	————
acros	across		— Adenauer
acrost	across	adequatly	————
acrue	accrue		— adequately
acsesery—	accessory	adged	aged
acshual	actual	adict	addict
acsident	accident	adige	adage
acter	actor	adishon	edition
actualy	actually	adition	addition
acuire	acquire	adjatent	adjutant
acumenacal	————	adjustible	————
	— ecumenical		— adjustable
acumulate	————	admendment	————
	— accumulate		— amendment
acuse	accuse	admerable	————
acustom—	accustom		— admirable
acuze	accuse	administrater	————
acwitt	acquit		— administrator
adaquete	————	admissable	————
	— adequate		— admissible

2

Incorrect	Correct	Incorrect	Correct
admitance	———	aforizm — aphorism	
	— admittance	afrade ——— afraid	
admition—admission		Africer ——— Africa	
adolesent	———	afront ——— affront	
	— adolescent	afterwerds	
adop ——— adopt			— afterwards
adress ——— address		agast ——— aghast	
advanse — advance		ageing ——— aging	
advantagous	———	agencys — agencies	
	— advantageous	agenst ——— against	
advantige		agensy ——— agency	
	— advantage	agern ——— adjourn	
advertisment	———	agervate — aggravate	
	— advertisement	aggragate	
advertize — advertise			— aggregate
advisery — advisory		aggrarian — agrarian	
advizable— advisable		aggree ——— agree	
adviser ——— adviser		aggresive	———
aeriel ——— aerial			— aggressive
afair ——— affair		aggriculture	———
afect ——— affect			— agriculture
affraid ——— afraid		agground — aground	
Affrica ——— Africa		aginst ——— against	
Afgan ——— Afghan		agrandize	———
afible ——— affable			— aggrandize
afidavit — affidavit		agravate— aggravate	
afiliate ——— affiliate		agreable — agreeable	
afirm ——— affirm		agregate— aggregate	
afix ——— affix		agreing — agreeing	
aflict ——— afflict		agressive	———
afluence — affluence			— aggressive
aford ——— afford		ahmond — almond	

3

Incorrect	Correct	Incorrect	Correct
aile	aisle	alkohol	alcohol
airea	area	alledge	allege
aireel	aerial	allee	alley
airis	heiress	allegy	allergy
airoplane		allert	alert
	aeroplane	allie	ally
aithe	eighth	allmanac	
ajacent	adjacent		almanac
ajenda	agenda	allmighty	
ajurn	adjourn		almighty
ajustable		allmost	almost
	adjustable	allone	alone
ajutent	adjutant	allotting	alloting
ake	ache	allottment	
aker	acre		allotment
aklaim	acclaim	aloted	allotted
akne	acne	allowence	
akseed	acceed		allowance
aksent	accent	allready	already
akses	axis	allso	also
aksess	access	allthough	
akward	awkward		although
aleby	alibi	alltogether	
aleet	elite		altogether
alege	allege	alluminum	
alegiance			aluminum
	allegiance	allways	always
alergy	allergy	alocate	allocate
aleveate	alleviate	alot	allot
alfabet	alphabet	alow	allow
alian	alien	alowed	allowed
aliance	alliance	alright	all right
aline	align	altenate	alternate

4

Incorrect	Correct	Incorrect	Correct
altrueizm		ammiable	
	— altruism		— amiable
amada — armada		ammity — amity	
amature — amateur		amyable — amiable	
ambbasador		analasis — analysis	
	— ambassador	analise — analyze	
ambbiguous		anartic — antarctic	
	— ambiguous	anaversary	
ambulence			— anniversary
	— ambulance	anceint — ancient	
amealiorate		anex — annex	
	— ameliorate	angziety — anxiety	
amerous — amorous		anihilate	
amissable			— annihilate
	— admissible	aniversery	
ammend — amend			— anniversary
Ammerican		ankel — ankle	
	— American	anker — anchor	
ammonition		ankshus — anxious	
	— ammunition	annalasis — analysis	
ammonya		annalog — analog	
	— ammonia	annalogy — analogy	
ammount — amount		annecdote	
amond — almond			— anecdote
amonia — ammonia		annew — anew	
amoor — amour		annoint — anoint	
amoung — among		annonymous	
amunition			— anonymous
	— ammunition	anntena — antenna	
amusment		annuel — annual	
	— amusement	annull — annul	
aminable		anonimus	
	— amenable		— anonymous

5

Incorrect	Correct	Incorrect	Correct
anotate	**annotate**	aparel	**apparel**
anouncement		aparent	**apparent**
	announcement	apeal	**appeal**
anoyence		apear	**appear**
	annoyance	apease	**appease**
anser	**answer**	apeerence	
ansester	**ancestor**		**appearance**
ansestree		apellate	
	ancestry		**appellate**
anshent	**ancient**	apendectomy	
antartic	**antarctic**		**appendectomy**
antchovy		apendix	
	anchovy		**appendix**
ante-American		apetite	**appetite**
	anti-American	aplaud	**applaud**
antebiotic		apliance	
	antibiotic		**appliance**
anteek	**antique**	aplicant	
antisapate			**applicant**
	anticipate	aply	**apply**
antisedent		apoint	**appoint**
	antecedent	apoligize	
anual	**annual**		**apologize**
anualee	**annually**	apologeticly	
anuity	**annuity**		**apologetically**
anull	**annul**	apologys	
anuther	**another**		**apologies**
anwser	**answer**	aposle	**apostle**
anytime	**any time**	apparentally	
any where			**apparently**
	anywhere	appartment	
aparatus			**apartment**
	apparatus	appeel	**appeal**

Incorrect	Correct	Incorrect	Correct
appellete		aprin	apron
	— appellate	aproach	
appere	appear		— approach
apperence		apropo	apropos
	— appearance	apropriate	
applys	applies		— appropriate
appointy		aprove	approve
	— appointee	aproximate	
appologize			— approximate
	— apologize	aquaintance	
appology	apology		— acquaintance
appostrophe		aquire	acquire
	— apostrophe	aquisition	
appraisel			— acquisition
	— appraisal	aquittal	acquittal
aprecot	apricot	araign	arraign
appreshiate		arange	arrange
	— appreciate	arbatrate	
appresible			— arbitrate
	— appreciable	arbitery	arbitrary
approove		ardvark	aardvark
	— approve	aready	already
appropo	apropos	arears	arrears
apptitude		arest	arrest
	— aptitude	argueing	arguing
apraise	appraise	arguement	
apreciate			— argument
	— appreciate	arial	aerial
aprehend		ariseing	arising
	— apprehend	arithmatic	
aprentice			— arithmetic
	— apprentice	arive	arrive

7

Incorrect	Correct	Incorrect	Correct
arize	arise	artry	artery
arkaic	archaic	asanine	asinine
Arkansaw		asassin	assassin
	Arkansas	asassinate	
arkitect	architect		assassinate
arkives	archives	asault	assault
armastice		ase	ace
	armistice	asemble	
armfull	armful		assemble
arodynamics		asent	assent
	aerodynamics	asert	assert
arogant	arrogant	asess	assess
Aron	Aaron	aset	asset
aronautics		asfalt	asphalt
	aeronautics	ashin	ashen
arosol	aerosol	ashure	assure
arouseing		asid	acid
	arousing	asign	assign
arow	arrow	asist	assist
arowse	arouse	asistent	assistant
arragent	arrogant	asma	asthma
arrangment		asociate	associate
	arrangement	asort	assort
arrise	arise	aspirent	aspirant
arrivel	arrival	asprin	aspirin
arround	around	assale	assail
arrouse	arouse	assesed	assessed
artaficial	artificial	assimilateable	
artic	arctic		assimilable
artical	article	assine	assign
artilery	artillery	assinine	asinine
artisticly		assistence	
	artistically		assistance

8

Incorrect	Correct	Incorrect	Correct
assylum	asylum	atlete	athlete
ast	asked	atmisfere	atmosphere
astablish	establish	atorney	attorney
asternot	astronaut	atract	attract
asume	assume	atrosity	atrocity
asure	assure	attatude	attitude
asurence	assurance	attemp	attempt
atach	attach	aturney	attorney
atack	attack	audable	audible
atact	attacked	audiance	audience
atain	attain	Augest	August
atempt	attempt	aukward	awkward
atemt	attempt	aunatomy	anatomy
atend	attend	aunuled	annulled
atendence	attendance	autamatic	automatic
atendent	attendant	autamoblie	automobile
atenshun	attention	auther	author
atest	attest	automashun	automation
athalete	athlete	auxilary	auxiliary
athaletic	athletic	avalable	available
athority	authority	avantage	advantage
athyist	atheist	aveater	aviator
atic	attic	aved	avid
atire	attire	avilanch	avalanche
atitude	attitude		

9

Incorrect	Correct	Incorrect	Correct
avocate	— advocate	awt	— ought
avoidible		awthentick	
	— avoidable		— authentic
avrage	— average	awthorety	
aw	— awe		— authority
awdiance		awtimaticly	
	-- audience		— automatically
awditoriem		awtum	— autumn
	— auditorium	axes	— axis
awefel	— awful	axident	— accident
awf	— off	aypron	— apron
ꜣwkwid	— awkward	aytheist	— atheist
aw revoir		Azher	— Asia
	— au revoir	azma	— asthma

Look-Alikes or Sound-Alikes

Abel (name) · **able** (strong)
abjure (renounce) · **adjure** (entreat)
accede (agree) · **exceed** (go beyond)
accept (receive) · **except** (omit)
accent (speech) · **ascent** (rise) · **assent** (agree)
access (admittance) · **excess** (extra)
acentric (not centered) · **eccentric** (strange)
acerb (bitter) · **a Serb** (a Yugoslav)
acts (to perform on stage, a thing done) · **axe** (tool)
Adam (name) · **atom** (small particle)
adapt (make fit) · **adept** (expert) · **adopt** (take in)

addable (can be added) · **edible** (can be eaten)
addition (add) · **edition** (issue)
adds (increases) · **ads** (advertisements) · **adz** (tool)
adieu (farewell) · **ado** (commotion)
adjoin (next to) · **adjourn** (put off)
adjure (entreat) · **abjure** (renounce)
ado (commotion) · **adieu** (farewell)
ads (advertisements) · **adz** (a cutting tool) · **adds** (increases)
adverse (against) · **averse** (unwilling)
advice (suggestion) · **advise** (to suggest)

10

adz (a cutting tool) · ads (advertisements) · adds (increases)

aerie (eagle's nest) · eerie (ghostly) · eery (eerie) · Erie (the lake)

affect (act or influence) · effect (result of action or to bring about)

affective (emotional) · effective (impressive, operative)

aid (help) · aide (assistant)

aigrette (ornamental plume) · egret (heron)

ail (to be ill) · ale (drink)

air (gas) · e'er (ever) · heir (inheritor)

aisle (passage) · I'll (I will) · isle (island)

allay (calm) · alley (lane) · ally (friend) · alloy (composed of two metals)

all ready (adj., completely prepared) · already (adv., before now)

allowed (permitted) · aloud (spoken)

allude (refer to) · elude (escape)

allusion (reference to) · illusion (false impression)

allusive (referring to) · elusive (evasive) · illusive (deceptive)

alms (charity) · arms (body)

already (adv., before now) · all ready (adj., completely prepared)

altar (church) · alter (change)

alternate (first one, then the other) · alternative (one without the other)

alternative (one without the other) · alternate (first one, then the other)

altitude (height) · attitude (point of view)

amiable (describing a personality) · amicable (describing a relationship)

amicable (describing a relationship) · amiable (describing a personality)

amoral (without a sense of moral responsibility) · immoral (evil)

angel (heavenly) · angle (mathematics)

ant(insect) · aunt (relative)

ante (before) · anti (against) · aunty (relative)

anyone ([pronoun] is anyone there?) · any one ([adj.] I'd like any one of those girls.)

apatite (mineral) · appetite (craving)

appetite (craving) · apatite (mineral)

apposite (appropriate) · opposite (contrary)

appraise (to judge) · apprise (inform) · a prize (a reward)

arc (curved line) · ark (vessel) · arch (building)

area (portion of land) · aria (opera selection)

aria (opera selection) · area (portion of land)

arms (body) · alms (charity)

arraign (accuse) · arrange (settle)

a Serb (a Yugoslav) · acerb (bitter)

ascent (rise) · assent (agree) · accent (speech)

assay (evaluate) · essay (composition)

assent (agree) · ascent (rise) · accent (speech)

assistance (help) · assistants (people who help)

11

assurance (certainty) ·
insurance (protection)

ate (did eat) · eight (the
number)

attach (bind) · attaché (aide) ·
attack (assault)

attendance (act of attending) ·
attendants (people who attend)

attitude (point of view) ·
altitude (height)

aught (zero) · ought (should)

aunt (relative) · ant (insect)

aural (hearing) · oral (verbal)

autarchy (autocratic rule) ·
autarky (national economic
self-sufficiency)

automation (electronics) ·
automaton (robot)

averse (unwilling) · adverse
(against)

awe (fear) · oar (boat) · o'er
(over) · or (alternative) ·
ore (mineral)

awhile ([adverb] use without
"for") · a while ([noun] he
stayed for a while)

axes (tools) · axis (line)

aye (yes) · eye (see) · I (me)

B

Incorrect	Correct	Incorrect	Correct
bachler	**bachelor**	bannana	**banana**
backinal	**— bacchanal**	baptise	**baptize**
		baracks	**barracks**
backround	**— background**	barage	**barrage**
		barate	**berate**
backwerd	**— backward**	barbacue	**— barbecue**
bagage	**baggage**	barell	**— barrel**
bagan	**began**	bargin	**bargain**
bage	**badge**	barikade	**— barricade**
bagin	**begin**		
baid	**bade**	barly	**barley**
baige	**beige**	basicly	**basically**
baist	**baste**	basik	**basic**
bakon	**bacon**	basiz	**basis**
balay	**ballet**	bastid	**bastard**
balence	**balance**	batallian	**— battalion**
balistics	**— ballistics**		
		batchler	**bachelor**
balital	**belittle**	batray	**betray**
ballid	**ballad**	battry	**battery**
ballit	**ballot**	baught	**bought**
bamy	**balmy**	bawk	**balk**
bandige	**bandage**	baygel	**bagel**
baner	**banner**	beatle	**beetle**
banista	**banister**	beautyful	**— beautiful**
banjoes	**banjos**		
bankrup	**— bankrupt**	becomeing	**— becoming**
		becon	**beacon**
bankrupcy	**— bankruptcy**	becum	**become**

13

Incorrect	Correct	Incorrect	Correct
becuz	**because**	bequethe – **bequeath**
bedder	**better**	beray	**beret**
beever	**beaver**	berbin	**bourbon**
beeware	**beware**	berden	**burden**
befor	**before**	bergler	**burglar**
beger	**beggar**	berglery	**burglary**
beginer	**beginner**	berial	**burial**
begining	**beginning**	beriel	**burial**
		berlap	**burlap**
behavier	**behavior**	berlesk	**burlesque**
		Berma	**Burma**
beir	**bier**	bernt	**burnt**
beleaf	**belief**	berrser	**bursar**
beleive	**believe**	berser	**bursar**
beligerant	**belligerent**	berst	**burst**
		beseige	**besiege**
belitel	**belittle**	beserk	**berserk**
bely	**belie**	bestyal	**bestial**
benafit	**benefit**	beuty	**beauty**
bended	**bent**	Bibel	**Bible**
benefishal	**beneficial**	biege	**beige**
		bigest	**biggest**
benefishery	**beneficiary**	biggamy	**bigamy**
		biggot	**bigot**
beneith	**beneath**	bild	**build**
benevelent	**benevolent**	bilet	**billet**
		biliard	**billiard**
benifited	**benefited**	bilion	**billion**
		billyus	**bilious**
benine	**benign**	bilt	**built**
beogrephy	**biography**	binery	**binary**
		binnoculars	**binoculars**
beond	**beyond**		

14

Incorrect	Correct	Incorrect	Correct
birden	**burden**	blugen	**bludgeon**
birdy	**birdie**	blujen	**bludgeon**
bisek	**biseet**	boch	**botch**
boch	**botch**	boddy	**body**
biseps	**biceps**	boid	**bird**
biskit	**biscuit**	boistrous	
bisy	**busy**		**— boisterous**
biter	**bitter**	bolstir	**bolster**
bivwak	**bivouac**	bom	**bomb**
bizness	**business**	bomy	**balmy**
blair	**blare**	bondfire	**bonfire**
blakgard		bonet	**bonnet**
	— blackguard	boney	**bony**
blamful	**blameful**	bonion	**bunion**
blamless		bonis	**bonus**
	— blameless	bon swar	
blankit	**blanket**		**— bon soir**
blasay	**blasé**	boodwar	**boudoir**
blasfemy		booey	**buoy**
	— blasphemy	bookay	**bouquet**
bleech	**bleach**	bookeeping	
bleek	**bleak**		**— bookkeeping**
blest	**blessed**	boorzhwa	
bleve	**believe**		**— bourgeois**
blite	**blight**	boosom	**bosom**
blith	**blithe**	bord	**board**
blits	**blitz**	borow	**borrow**
blizard	**blizzard**	bost	**boast**
blockaid		bosun	**boatswain**
	— blockade	bosy	**bossy**
blok	**block**	botom	**bottom**
bloter	**blotter**	bottel	**bottle**
blowse	**blouse**	boundry	**boundary**
bluf	**bluff**		

15

Incorrect	Correct	Incorrect	Correct
bouyant —	buoyant	bronkiel ———	
boycot ——	boycott	—	bronchial
bracke ———	brake	browz ——	browse
brade ———	braid	bruk ———	brook
bragart —	braggart	bruz ———	bruise
brane ———	brain	buckel ——	buckle
bran-new ———		bucksome —	buxom
—	brand-new	Buda ——	Buddha
braselet —	bracelet	buety ——	beauty
bravry ——	bravery	bufalo ——	buffalo
brazere —	brassiere	bufer ——	buffer
breakible ———		buffay ——	buffet
—	breakable	bufoon ——	buffoon
bredth ——	breadth	buge ——	budge
breif ———	brief	bugel ——	bugle
brekfast ———		bujet ——	budget
—	breakfast	buket ——	bucket
brest ———	breast	buksom ——	buxom
brethern ———		buldozer ———	
—	brethren	—	bulldozer
brez ———	breeze	bulit ———	bullet
brigader ———		bulitin —	bulletin
—	brigadier	bullivard ———	
brige ———	bridge	—	boulevard
briliant —	brilliant	bullyon —	bouillon
Britanica ———		bumbelbee ———	
—	Britannica	—	bumblebee
brite ———	bright	bunglow ———	
Britin ——	Britain	—	bungalow
brocalli —	broccoli	burbin —	bourbon
brokin ——	broken	burch ———	birch
brokrage ———		burglery —	burglary
—	brokerage	buriel ———	burial

Incorrect	Correct	Incorrect	Correct
buro	**bureau**	busyly	**busily**
busibody		butician	
	busybody		**beautician**
busness	**business**	butiful	**beautiful**
busom	**bosom**	butten	**button**
bussel	**bustle**	bycycle	**bicycle**

Look-Alikes or Sound-Alikes

babble (chatter) · **bauble** (trifle) · **bubble** (as in soap bubbles)

bad (no good) · **bade** (asked)

bail (security) · **bale** (bundle)

bait (a lure) · **bate** (lessen)

bald (no hair) · **balled** (put in ball) · **bawled** (cried)

ballad (song, poem) · **ballet** (dance) · **ballot** (vote)

balm (ointment) · **bomb** (explosive)

baloney (bunk) · **bologna** (sausage)

band (ring; orchestra) · **banned** (barred)

banns (marriage) · **bands** (groups) · **bans** (prohibits)

bard (poet) · **barred** (stopped)

bare (naked) · **bear** (carry, animal)

baring (exposing) · **bearing** (carriage; support)

baron (noble) · **barren** (empty)

base (foundation) · **bass** (deep tone)

bases (foundations; stations) · **basis** (the groundwork)

bate (lessen) · **bait** (lure)

bath (the noun) · **bathe** (the verb)

bathos (anticlimax) · **pathos** (tender)

bauble (trifle) · **babble** (chatter) · **bubble** (as in soap bubble)

baud (unit of telegraph signal speed) · **bawd** (a procuress)

bawd (a procuress) · **baud** (unit of telegraph signal speed)

bawled (cried) · **bald** (no hair) · **balled** (put in a ball)

bazaar (a fair) · **bizarre** (weird)

be (exist) · **bee** (insect)

beach (shore) · **beech** (tree)

bean (vegetable) · **been** (past of be) · **bin** (box)

bear (carry or animal) · **bare** (naked)

bearing (carriage or support) · **baring** (exposing)

beat (strike) · **beet** (vegetable)

beatify (make happy; religious act) · **beautify** (make beautiful)

beau (dandy; lover) · **bow** (arrow)

bee (insect) · **be** (exist)

beech (tree) · **beach** (shore)

been (past of be) · **bean** (vegetable) · **bin** (box)

17

beer (drink) · **bier** (coffin)

bell (rings) · **belle** (beauty)

bellow (pumps air) · **below** (under)

below (under) · **bellow** (pumps air)

berry (fruit) · **bury** (to cover)

berth (place to sleep) · **birth** (born)

beseech (beg) · **besiege** (surround, in war)

beside (at the side of) · **besides** (in addition to)

besiege (surround, in war) · **beseech** (beg)

better (more than good) · **bettor** (one who bets)

biannual (twice a year) · **biennial** (every two years)

bib (shield tied under chin) · **bibb** (nautical term, part of mast)

bid (request) · **bide** (wait)

bide (wait) · **bid** (request)

biennial (every two years) · **biannual** (twice a year)

billed (sent a bill) · **build** (construct)

bin (box) · **been** (part of be) · **bean** (vegetable)

birth (born) · **berth** (place to sleep)

bizarre (weird) · **bazaar** (a fair)

blanch (whiten) · **Blanche** (name)

Blanche (name) · **blanch** (whiten)

blew (wind; breath) · **blue** (color)

bloc (political group) · **block** (solid piece, prevent)

boar (swine) · **bore** (drill, dull)

board (lumber or climb on) · **bored** (weary)

boarder (roomer) · **border** (edge)

bold (daring) · **bowled** (did bowl)

bolder (braver) · **boulder** (big rock)

bole (clay; tree trunk) · **boll** (weevil) · **bowl** (dish; game)

bologna (food) · **baloney** (bunk) · **Bologna** (Italian city)

bomb (explosive) · **balm** (ointment)

born (given birth) · **borne** (carried)

borne (carried) · **born** (given birth)

borough (town) · **burro** (donkey) · **burrow** (hole, dig)

bough (tree) · **bow** (bend, yield)

bouillon (soup) · **bullion** (gold, silver)

boulder (big rock) · **bolder** (braver)

bow (arrow) · **beau** (lover)

bowl (dish; game) · **bole** (clay, tree trunk) · **boll** (weevil)

bowled (did bowl) · **bold** (daring)

boy (lad) · **buoy** (a float)

braes (hillsides) · **brays** (utter harsh sounds) · **braze** (to solder)

braid (trim) · **brayed** (bellowed)

brake (stop) · **break** (destroy)

brays (utters harsh sounds) · **braze** (to solder) · **braes** (hillsides)

braze (to solder) · **braes** (hillsides) · **brays** (utters harsh sounds)

breach (break; violation) · **breech** (bottom)

bread (food) · **bred** (raised)

18

breadth (expanse) · **breath** (air inhaled) · **breathe** (to inhale and exhale)

breath (air inhaled) · **breathe** (to inhale and exhale) · **breadth** (expanse)

breathe (to inhale and exhale) · **breath** (air inhaled) · **breadth** (expanse)

brewed (liquor) · **brood** (offspring; worry)

brews (makes liquor) · **bruise** (wound)

briar (pipe wood) · **brier** (thorny bush)

bridal (wedding) · **bridle** (restrain; horse)

brier (thorny bush) · **briar** (pipe wood)

broach (tool; discuss) · **brooch** (a clasp)

brows (foreheads) · **browse** (read here and there)

bruit (rumor) · **brute** (savage)

bubble (as in soap bubble) · **bauble** (trifle) · **babble** (chatter)

build (construct) · **billed** (sent a bill)

bullion (gold, silver) · **bouillon** (soup)

buoy (support) · **boy** (lad)

burley (a thin-bodied tobacco) · **burly** (large, muscular)

burly (large, muscular) · **burley** (a thin-bodied tobacco)

burro (donkey) · **burrow** (hole, dig) · **borough** (town)

bury (put in ground) · **berry** (fruit)

but (however) · **butt** (end, object)

buy (purchase) · **by** (near) · **bye** (sport)

C

Incorrect	Correct	Incorrect	Correct
cabage —	**cabbage**	camelia —	**camellia**
cabanet —	**cabinet**	cameradery —	
cabel —	**cable**		**— camaraderie**
cach —	**catch**	camfer —	**camphor**
cafeine —	**caffeine**	canvis —	**canvas**
caffé —	**café**	canyen —	**canyon**
caffs —	**calves**	caos —	**chaos**
calaco —	**calico**	capashus —	
Calafornia —			**— capacious**
	— California	capible —	**capable**
caleber —	**caliber**	capilary —	**capillary**
calender —	**calendar**	capitchulate —	
calidiscope —			**— capitulate**
	— kaleidoscope	capitil —	**capital**
calijun —	**collision**	cappacity —	
calipso —	**calypso**		**— capacity**
caliry —	**calory**	caprese —	**caprice**
calizhun —	**collision**	capsel —	**capsule**
callamity —		capshun —	**caption**
	— calamity	caplan —	**captain**
callisthenics —		captin —	**captain**
	— calisthenics	caracter —	
calocwiel —			**— character**
	— colloquial	carbahidrate —	
calry —	**calorie**		**— carbohydrate**
calsium —	**calcium**	carberater —	
camafloge —			**— carburetor**
	— camouflage	cardiak —	**cardiac**
camara —	**camera**	cardnil —	**cardinal**
camasole —	**camisole**	carear —	**career**

20

Incorrect	Correct	Incorrect	Correct
carefull	**careful**	cashoe	**cashew**
careing	**caring**	caskit	**casket**
caricatour		casmint	**casement**
	caricature	casock	**cassock**
caried	**carried**	cassaroll	
carit	**carat**		**casserole**
carm	**calm**	cassel	**castle**
carmel	**caramel**	castagate	
carnivul	**carnival**		**castigate**
carnul	**carnal**	castinet	**castanet**
caroner	**coroner**	casulty	**casualty**
carot	**carrot**	cataclism	
carowse	**carouse**		**cataclysm**
carowz	**carouse**	catagory	
carress	**caress**		**category**
Carribean		catapiller	
	Caribbean		**caterpillar**
carrige	**carriage**	catar	**catarrh**
carring	**carrying**	catastrofy	
cartalige	**cartilage**		**catastrophe**
cart blansh		catelogue	**catalog**
	carte blanche	cateract	**cataract**
cartell	**cartel**	Cathlic	**Catholic**
cartin	**carton**	caticomb	
cartridge			**catacomb**
	cartridge	catilyon	**cotillion**
cartune	**cartoon**	catipult	**catapult**
casarole		catkus	**cactus**
	casserole	cauff	**cough**
cascaid	**cascade**	cavelcaid	
casel	**castle**		**cavalcade**
casheer	**cashier**	caveleir	**cavalier**
cashmear	**cashmere**		

Incorrect	Correct	Incorrect	Correct
cavernus	————	certin	—— certain
	— cavernous	chagrinned	————
cawcus	—— caucus		— chagrined
cawk	———— caulk	chaif	———— chafe
cawleflower	————	chaist	—— chaste
	— cauliflower	chalenge	————
cawshun	— caution		— challenge
cawz	———— cause	champeen	————
cazm	———— chasm		— champion
ceder	———— cedar	champoo	————
ceese	———— cease		— shampoo
celabacy	— celibacy	chane	———— chain
celebrait	— celebrate	chanel	—— channel
celophane	————	changable	————
	— cellophane		— changeable
celuloid	— celluloid	chaplin	— chaplain
cematary	————	charaty	—— charity
	— cemetery	chare	———— chair
cemicle	— chemical	chariet	—— chariot
cenchury	— century	chater	—— chatter
cencus	———— census	chauffuer	————
centenial	————		— chauffeur
	— centennial	chawk	———— chalk
centor	———— centaur	cheder	— cheddar
centrel	———— central	cheep	———— cheap
centrifigle	————	cheet	———— cheat
	— centrifugal	cheez	———— cheese
cereberal	————	cheif	———— chief
	— cerebral	Chekaslavakia	————
cerfue	———— curfew		— Czechoslovakia
cerimony	————	chelo	———— cello
	— ceremony	chemest	— chemist
		cherib	—— cherub

22

Incorrect	Correct	Incorrect	Correct
chesnut — **chestnut**		ciment — **cement**	
Cheverlay		cinamon	
	— Chevrolet		**— cinnamon**
chieftin — **chieftain**		Cinncinatti	
childern — **children**			**— Cincinnati**
chimny — **chimney**		circal	**— circle**
chinchila		circomstance	
	— chinchilla		**— circumstance**
chints — **chintz**		circuler — **circular**	
chipendale		circumfrence	
	— Chippendale		**— circumference**
chivelrus		circumsize	
	— chivalrous		**— circumcise**
chizel — **chisel**		cirkit — **circuit**	
choclit — **chocolate**		cist — **cyst**	
choffer — **chauffeur**		citazen — **citizen**	
chossen — **chosen**		citris — **citrus**	
chow — **ciao**		cival — **civil**	
chow main		civlisation	
	— chow mein		**— civilization**
choyce — **choice**		clamer — **clamor**	
chrisanthemun		clanish — **clannish**	
— chrysanthemum		clarvoiance	
chrisen — **christen**			**— clairvoyance**
Christyan		clasify — **classify**	
	— Christian		clauz — **clause**
chuby — **chubby**		clearinse	
chumy — **chummy**			**— clearance**
cicle — **cycle**		cleek — **clique**	
ciclone — **cyclone**		clense — **cleanse**	
cieling — **ceiling**		cleptamania	
cigret — **cigarette**			**— kleptomania**
cilynder — **cylinder**		cleracle — **clerical**	

Incorrect	Correct	Incorrect	Correct
clevige —	cleavage	coldslaw —	coleslaw
clientell —	clientele	colect —	collect
clif —	cliff	colecter —	collector
cliper —	clipper	coleegue —	
clok —	clock		colleague
cloke. —	cloak	colege —	college
cloraform —		colegiate —	
	chloroform		collegiate
closh —	cloche	coler —	color
closit —	closet	colera —	cholera
cloun —	clown	colerachura —	
cloyster —	cloister		coloratura
cloz —	clothes	Coleseum —	
clozure —	closure		Colosseum
clumzy —	clumsy	collapsable —	
coam —	comb		collapsible
coch —	coach	colleck —	collect
cocksin —	coxswain	colledge —	college
coersion —	coercion	collegit —	collegiate
cofee —	coffee	coller —	collar
coff —	cough	collosal —	colossal
cofin —	coffin	colloseum —	
cohearint —			coliseum
	coherent	colonaid —	
coinsidence —			colonnade
	coincidence	colone —	cologne
cojitait —	cogitate	colum —	column
colaborate —		colyumist —	
	collaborate		columnist
colapse —	collapse	coma —	comma
colar —	collar	comemorate —	
colateral —			commemorate
	collateral		

Incorrect	Correct	Incorrect	Correct
comendable	— **commendable**	companyon	— **companion**
comercial	— **commercial**	comparitive	— **comparative**
comftable	— **comfortable**	compatable	— **compatible**
comission	— **commission**	compatense	— **competence**
comit — **commit**		compeet — **compete**	
comited	— **committed**	compeled	— **compelled**
comittee	— **committee**	compell — **compel**	
commedian	— **comedian**	compermize	— **compromise**
commedy — **comedy**		competant	— **competent**
commen	— **common**	compinsashun	— **compensation**
commendible	— **commendable**	compis — **compass**	
commenshurite	— **commensurate**	compitition	— **competition**
commet — **comet**		complacate	— **complicate**
commic — **comic**		complementry	— **complementary**
comming — **coming**		complexshun	— **complexion**
comminism	— **communism**	complience	— **compliance**
commision	— **commission**	composishun	— **composition**
commitee	— **committee**	compoze	— **compose**
comodity	— **commodity**		

25

Incorrect	Correct	Incorrect	Correct
compresed	— **compressed**	concreet — **concrete**	
comprible	— **comparable**	concurense	— **concurrence**
compulsery	— **compulsory**	concushin	— **concussion**
comred — **comrade**		condem — **condemn**	
comtroller	— **comptroller**	condesend	— **condescend**
comunicate	— **communicate**	condinsashun	— **condensation**
comunity	— **community**	condishun	— **condition**
comute — **commute**		conduck — **conduct**	
conasseur	— **connoisseur**	conect — **connect**	
conceed — **concede**		conection	— **connection**
concensus	— **consensus**	confadense	— **confidence**
concequence	— **consequence**	confederit	— **confederate**
concer — **concur**		confekshinery	— **confectionery**
conchribeaut	— **contribute**	confered— **conferred**	
concientious	— **conscientious**	conferm — **confirm**	
concieve	— **conceive**	confes — **confess**	
conclaive	— **conclave**	confinment	— **confinement**
concock — **concoct**		confligrashun	— **conflagration**
concorse	— **concourse**	confortable	— **comfortable**
		confrence	— **conference**

26

Incorrect	Correct	Incorrect	Correct
Confushus		consert —	**concert**
	Confucius	conservitory	
congagate			**conservatory**
	conjugate	consession	
congell —	**congeal**		**concession**
congenyal		conshunse	
	congenial		**conscience**
congradulate		conshuss	
	congratulate		**conscious**
congrigashun		considrable	
	congregation		**considerable**
congrous		consinement	
	congruous		**consignment**
conjer —	**conjure**	consil —	**consul**
conjeture		consiliate	
	conjecture		**conciliate**
conker —	**conquer**	consise —	**concise**
Conneticut		consistant	
	Connecticut		**consistent**
connisseur		consittar —	**consider**
	connoisseur	consoladate	
conotashun			**consolidate**
	connotation	consomate	
conote —	**connote**		**consummate**
conseal —	**conceal**	consoul —	**cconsole**
conseat —	**conceit**	constible—	**constable**
conseed —	**concede**	constilashun	
conseive —	**conceive**		**constellation**
consentrait		constint —	**constant**
	concentrate	consumtion	
consentrick			**consumption**
	concentric	consynment	
consept —	**concept**		**consignment**

27

Incorrect	Correct	Incorrect	Correct
contajus		controled	
	— contagious		— controlled
contane — contain		controll — control	
contanent		contry — country	
	— continent	conubeal	
contempry			— connubial
	— contemporary	conviless	
contemt			— convalesce
	— contempt	convilute	
contemtable			— convolute
	— contemptible	convinient	
conterary — contrary			— convenient
contimplate		convirge	
	— contemplate		— converge
continense		convirse — converse	
	— countenance	convirtable	
continnualy			— convertible
	— continually	convolse — convulse	
continous		conyak — cognac	
	— continuous	coo di gra	
contore — contour			— coup de grace
contractural		cookoo — cuckoo	
	— contractual	cookry — cookery	
contrarywise		cooly — coolly	
	— contrariwise	coopay — coupé	
contratan		coopon — coupon	
	— contretemps	cooprate	
contravershil			— cooperate
	— controversial	coper — copper	
contraversy		copeus — copious	
	— controversy	Copinhagin	
contribeaut			— Copenhagen
	— contribute	cople — couple	

28

Incorrect	Correct	Incorrect	Correct
coprate —	**cooperate**	corraled —	**corralled**
copyriter ———		corronary ———	
	— copywriter		**— coronary**
copywright ———		corsarge —	**corsage**
	— copyright	corse ———	**course**
cor ———	**corps**	corsit —	**corset**
coral ———	**corral**	cort ———	**court**
corcage —	**corkage**	cortison ———	
corderoy ———			**— courtesan**
	— corduroy	cortmarshal ———	
cordige —	**cordage**		**— courtmartial**
cordnation ———		corz ———	**corps**
	— coordination	cosher —	**kosher**
corect ———	**correct**	costic —	**caustic**
corelate —	**correlate**	cosy ———	**cozy**
coreografy ———		cotage —	**cottage**
	— choreography	cotin ———	**cotton**
corespond ———		counsler ———	
	— correspond		**— counselor**
coridor —	**corridor**	counterfit ———	
corigated ———			**— counterfeit**
	— corrugated	countes —	**countess**
coril ———	**coral**	courticy —	**courtesy**
corn-beef ———		covrage —	**coverage**
	— corned beef	cowerd —	**coward**
cornise —	**cornice**	Cozak —	**Cossack**
cornor —	**corner**	cozmapolitan ———	
coroborate ———			**— cosmopolitan**
	— corroborate	cozmic —	**cosmic**
corperal —	**corporal**	cozzin —	**cousin**
corpisle —	**corpuscle**	craby —	**crabby**
corpration ———		cradenchle ———	
	— corporation		**— credential**

Incorrect	Correct	Incorrect	Correct
crain	**crane**	crokay	**croquet**
craion	**crayon**	crokete	**croquette**
crak	**crack**	cromatizm	
crakel	**crackle**		**chromatism**
cramberry		crome	**chrome**
	cranberry	cronic	**chronic**
crape	**crepe**	croocial	**crucial**
crashendo		crood	**crude**
	crescendo	crool	**cruel**
craul	**crawl**	croopya	**croupier**
craydal	**cradle**	croud	**crowd**
creashun	**creation**	cround	**crowned**
credable	**credible**	crowshay	**crochet**
credlus	**credulous**	crsanthemun	
creedence			**chrysanthemum**
	credence	cruch	**crutch**
creem	**cream**	crue	**crew**
creese	**crease**	cruely	**cruelly**
creture	**creature**	crulty	**cruelty**
crie	**cry**	crum	**crumb**
criket	**cricket**	crushal	**crucial**
crimnal	**criminal**	cruzer	**cruiser**
crimsin	**crimson**	cryed	**cried**
criple	**cripple**	cubbard	
Crismas	**Christmas**		**cupboard**
Cristian	**Christian**	Cuber	**Cuba**
cristilize		culcher	**culture**
	crystallize	culer	**color**
critacal	**critical**	cullinary	**culinary**
criteek	**critique**	cultavate	
critisise	**criticize**		**cultivate**
crokadile		cumand	
	crocodile		**command**

Incorrect	Correct	Incorrect	Correct
cumense		curley	curly
	— commence	curnel	kernel
cumfortable		currancy	
	— comfortable		— currency
cuming	coming	curst	cursed
cuning	cunning	curteous	
cuntry	country		— courteous
cupon	coupon	custid	custard
curancy	currency	custidy	custody
curchef	kerchief	custimor	
curent	current		— customer
curiculum		cuver	cover
	— curriculum	cuvinant	
curige	courage		— covenant
curios	curious	cwafeur	coiffure
curiousity		cyder	cider
	— curiosity	cypher	cipher

ook-Alikes or Sound-Alikes

abal (a secret group) · **cable** (wire)

able (wire) · **cabal** (a secret group)

acao (tree of cocoa) · **cocoa** (chocolate)

ache (hiding place) · **cash** (money)

addie (golf attendant) · **addy** (tea box)

alendar (time) · **calender** (machine to press)

allous (unfeeling) · **callus** (hard skin)

lm (quiet) · **cam** (machinery part)

Calvary (crucifixion) · **cavalry** (horse troops)

cam (machinery part) · **calm** (quiet)

canon (law) · **cannon** (gun)

cant (dialect) · **can't** (cannot)

canvas (cloth) · **canvass** (to solicit)

capital (main, city) · **Capitol** (the building)

carat (diamond) · **caret** (proofreader's mark) · **carrot** (vegetable)

carousal (orgy) · **carousel** (merry-go-round)

31

carousel (merry-go-round) ·
carousal (orgy)

cash (money) · **cache** (hiding
place)

cask (box) · **casque** (helmet)

casque (helmet) · **cask** (box)

caster (thrower; turner) ·
castor (secretion used in
medicines)

casual (easy going) · **causal**
(the cause of)

cataclasm (breakage,
disruption) · **cataclysm** (great
flood)

cataclysm (great flood) ·
cataclasm (breakage,
disruption)

caught (did catch) · **court**
(law, woo)

cause (to bring about) · **caws**
(the sounds made by crows)

caws (the sounds made by
crows) · **cause** (to bring about)

cease (stop) · **seize** (grab) ·
seas (bodies of water) · **sees**
(observes)

cede (give up) · **seed** (flower)

ceiling (top) · **sealing** (closing)

cell (prison, unit in biology) ·
sell (opposite of buy)

cellar (basement) · **seller** (one
who sells)

cemetery (graveyard) ·
symmetry (even)

censer (for incense) · **censor**
(moral overseer) · **censure**
(condemn)

census (population count) ·
senses (sight, touch)

cents (money) · **scents** (smells)
· **sense** (brains)

cereal (food) · **serial** (in a
row)

cession (yielding) · **session**
(meeting)

champagne (wine) ·
champaign (plain)

champaign (plain) ·
champagne (wine)

charted (put on a chart) ·
chartered (rented)

chased (ran after) · **chaste**
(pure)

cheap (priced low) · **cheep**
(sound of young birds)

check (money) · **Czech**
(nationality)

cheep (sound of young bir[ds])
cheap (priced low)

chert (a rock) · **shirt**
(garment)

chews (eats) · **choose** (sele[ct])

chic (stylish) · **sheik** (Arab
chief)

chili (food) · **chilly** (cold) ·
Chile (country)

choler (rage) · **collar**
(neckwear) · **color** (hue)

choral (singing) · **coral** (se[a]
life) · **corral** (animal pen)

chord (music) · **cord** (rope)

christen (baptize) · **Christi[an]**
(a believer in Christ)

Christian (a believer in Ch[rist]**
· **christen** (baptize)

chute (drop) · **shoot** (fire)

Cilician (from Cilicia, a
province in Asia Minor) ·
Sicilian (from Sicily, an isl[and]
off and part of Italy)

cite (point out) · **sight** (see[ing])
site (place)

clause (contract) · **claws**
(sharp nails)

clench (close teeth) · **clinc[h]**
(to embrace; to conclude a[
deal)

click (noise) · **clique** (smal[l]
group)

climactic (refers to climax) ·
climatic (refers to climate)

climb (ascent) · **clime**
(climate)

clinch (to embrace; to conclude a deal) · clench (close teeth)

close (shut) · clothes (apparel) · cloths (small fabric)

coal (fire) · kohl (eye shadow) · koel (a cuckoo)

coarse (rough) · course (class; passage)

cockscomb (a garden plant) · coxcomb (fop) · cock's comb (comb of a cock)

cocoa (chocolate) · cacao (tree of cocoa)

cola (a drink) · kola (a nut or tree)

collage (a type of painting) · college (a group, as in education)

collision (crash) · collusion (fraud)

Colombia (a country in South America) · Columbia (the college)

colonel (officer) · kernel (seed)

color (hue) · collar (neckwear) · choler (rage)

Columbia (the college) · Colombia (a country in South America)

comity (welfare) · committee (a group working for a definite purpose)

command (order) · commend (praise)

commendation (praise) · condemnation (denunciation)

committee (a group working for a definite purpose) · comity (welfare)

complacence (self-satisfaction) · complaisance (fulfillment of wishes of others)

complacent (pleased with oneself) · complaisant (desirous of pleasing)

complaisance (fulfillment of wishes of others) · complacence (self-satisfaction)

complaisant (desirous of pleasing) · complacent (pleased with oneself)

complement (balance) · compliment (praise)

comprehensible (understandable) · comprehensive (including much)

comprehensive (including much) · comprehensible (understandable)

condemn (to find guilty) · contemn (to despise)

confidant (a person confided in) · confident (certain)

confident (certain) · confidant (a person confided in)

confirmer (one who ratifies) · conformer (one who complies with established customs)

conformer (one who complies with established customs) · confirmer (one who ratifies)

conscientious (painstaking) · conscious (aware)

conscious (aware) · conscientious (painstaking)

consul (diplomat) · counsel (advice) · council (an assembly)

contemn (to despise) · condemn (to find guilty)

continual (repeated again and again) · continuous (without a break)

continuous (without a break) · continual (repeated again and again)

coolie (laborer) · coolly (in a cool manner)

coral (sea life) · corral (animal pen) · choral (singing)

core (center) · corps (army) · corpse (body)

33

corespondent (paramour in divorce proceedings) · **correspondent** (one party to exchange of letters)

corporal (of the body; a soldier) · **corporeal** (material; tangible)

corporeal (material; tangible) · **corporal** (of the body; a soldier)

correspondent (one party to exchange of letters) · **corespondent** (paramour in divorce proceedings)

costume (clothes) · **custom** (habit)

council (an assembly) · **counsel** (advice) · **consul** (diplomat)

councilor (member of council) · **counselor** (advisor, lawyer)

course (class; passage) · **coarse** (rough)

court (law) · **caught** (did catch)

courtesy (manners) · **curtsy** (bow)

coward (one who lacks courage) · **cowered** (crouched, shrank)

coxcomb (fop) · **cockscomb** (a garden plant; comb of a cock)

cousin (a relative) · **cozen** (to deceive)

cozen (to deceive) · **cousin** (a relative)

creak (noise) · **creek** (stream)

crease (fold) · **kris** (cheese; dagger)

credible (believable) · **creditable** (praiseworthy)

Cretan (inhabitant of Crete) · **cretin** (a type of idiot)

crews (sailors) · **cruise** (voyage)

critic (one who criticizes) · **critique** (criticism)

crochet (a kind of knitting) · **crotchet** (a quirk; a hook)

croquet (a game played with mallets, balls) · **croquette** (a fried cake of minced food)

croquette (a fried cake of minced food) · **croquet** (a game played with mallets, balls)

cue (hint; billiards) · **queue** (line)

currant (a berry) · **current** (refers to a stream of water, or events; contemporary)

current (refers to a stream of water, or events; contemporary) · **currant** (a berry)

cygnet (a young swan) · **signet** (a seal)

cymbal (music) · **symbol** (sign)

Czech (nationality) · **check** (money)

D

Incorrect	Correct	Incorrect	Correct
dabate	debate	dat	that
dable	dabble	datta	data
dabochery	debauchery	dauter	daughter
dacolté	décolleté	davelop	develop
dafodile	daffodil	daybu	debut
dager	dagger	dayly	daily
dakiri	daiquiri	dazel	dazzle
dakron	dacron	debaner	debonair
dakshound	dachshund	debry	debris
dalapadate	dilapidate	debths	depths
dalia	dahlia	decarate	decorate
dalinkwent	delinquent	decend	descend
daluge	deluge	decese	decease
damenshin	dimension	deciet	deceit
damige	damage	decieve	deceive
danderuf	dandruff	decleration	declaration
dandylion	dandelion	decloté	décolleté
danjros	dangerous	decmal	decimal
dary	dairy	decon	deacon
dashund	dachshund	decreese	decrease
dassiay	dossier	ded	dead
		dedecate	dedicate
		deductable	deductible
		deduse	deduce
		def	deaf

35

Incorrect	Correct	Incorrect	Correct
defalt	default	Deleware	Delaware
defanitely	definitely	delite	delight
defanition	definition	delivry	delivery
defeet	defeat	delliberate	deliberate
defence	defense	dellicacy	delicacy
defendent	defendant	dellicatessan	delicatessen
defensable	defensible	dellicious	delicious
defered	deferred	delt	dealt
defficit	deficit	deluxe	de luxe
defiants	defiance	demacrat	democrat
defie	defy	deminish	diminish
definit	definite	deminstrate	demonstrate
definitly	definitely	democrasy	democracy
defishent	deficient	demogogue	demagogue
defiunce	defiance	demonstratable	demonstrable
defnite	definite	demytass	demi-tasse
defrence	deference	dence	dense
defyed	defied	denie	deny
De Gaul	De Gaulle	dentafrice	dentifrice
dehidrate	dehydrate		
dekaid	decade		
delagate	delegate		
delemma	dilemma		

36

Incorrect	Correct	Incorrect	Correct
dentel	dental	descriminate	discriminate
dentice	dentist	desease	disease
denyal	denial	Desember	December
deoderant	deodorant	desent	decent
depature	departure	desicion	decision
dependant	dependent	desicrate	desecrate
dependible	dependable	desided	decided
depervation	depravation	desifer	decipher
depo	depot	desine	design
depravashun	deprivation	desireable	desirable
depresent	depressant	desolit	desolate
depricate	deprecate	desparate	desperate
deprieve	deprive	despare	despair
deps	depths	desprit	desperate
depudy	deputy	dessertion	desertion
derick	derrick	dessicate	desiccate
derileck	derelict	dessmal	decimal
derje	dirge	destenation	destination
desabl	decibel	destribute	distribute
desastrous	disastrous	det	debt
descover	discover	detale	detail
descrepancy	discrepancy	deteck	detect
		deteriate	deteriorate

Incorrect	Correct	Incorrect	Correct
detestible		dier	dire
	detestable	diference	
detterent			difference
	deterrent	difftheria	
dettergent			diphtheria
	detergent	dificult	difficult
dettermine		difrenshal	
	determine		differential
devel	devil	difuse	diffuse
devellop	develop	digestable	
devert	divert		digestible
devide	divide	diging	digging
devine	divine	digresive	
devistate			digressive
	devastate	dijest	digest
devius	devious	dijitallus	digitalis
devorce	divorce	dilect	dialect
devulge	divulge	diktionery	
dexterous			dictionary
	dextrous	dillema	dilemma
dezign	design	dilligent	diligent
dezil	diesel	dillute	dilute
diacese	diocese	dilusion	delusion
diafram		dimensha precox	
	diaphragm		dementia praecox
diatishn	dietitian	dimminative	
dicesion	decision		diminutive
dicline	decline	dimolish	
dicshonery			demolish
	dictionary	dimond	diamond
diebetes	diabetes	dinamic	dynamic
dieing	dying	dinate	dinette

38

Incorrect	Correct	Incorrect	Correct
diner	dinner	discod	discard
dinning	dining	discomodity	
dint	didn't		discommodity
diper	diaper	disconsilite	
dipleat	deplete		disconsolate
diplete	deplete	disconsurt	
diplomer	diploma		disconcert
diposit	deposit	discribe	describe
dirdy	dirty	discrimanate	
direcshon			discriminate
	direction	discription	
dirive	derive		description
dirogative		discurtius	
	derogative		discourteous
diry	diary	discus	discuss
disadent		discwalafy	
	dissident		disqualify
disagrement		disdane	disdain
	disagreement	disect	dissect
disallusion		disegragate	
	disillusion		desegregate
disalow	disallow	disemenate	
disanent			disseminate
	dissonant	disent	dissent
disapate	dissipate	disertion	
disaprobashon			desertion
	disapprobation	disgize	disguise
disaray	disarray	disiduos	
disasterous			deciduous
	disastrous	disign	design
disatisfy	dissatisfy	disimalar	
disbersment			dissimilar
	disbursement		

39

Incorrect	Correct	Incorrect	Correct
disipal	disciple	dispurse	disperse
disipline		disqualafy	
	discipline		disqualify
disirable		disrepitible	
	desirable		disreputable
dismantel		disrup	disrupt
	dismantle	dissapoint	
dismis	dismiss		disappoint
dismissel		dissappear	
	dismissal		disappear
disociate		dissastrous	
	dissociate		disastrous
disolution		disscount	
	dissolution		discount
disolve	dissolve	disscover	discover
disonest		disscusion	
	dishonest		discussion
dispair	despair	dissern	discern
disparije		dissipline	
	disparage		discipline
dispensery		disspute	dispute
	dispensary	distaf	distaff
disperporshin		distastful	
	disproportion		distasteful
dispicible		distence	distance
	despicable	disterb	disturb
displacment		distilation	
	displacement		distillation
disposess		distingwish	
	dispossess		distinguish
disposible		distint	distinct
	disposable	distraut	
disposil	disposal		distraught

40

Incorrect	Correct	Incorrect	Correct
distres	distress	dominyon	dominion
districk	district	domono	domino
distroy	destroy	doner	donor
distruction	destruction	dongaree	dungaree
disuade	dissuade	donky	donkey
dito	ditto	dont	don't
divaden	dividend	donut	doughnut
divice	device	dooty	duty
divise	devise	dor	door
divoid	devoid	dorible	durable
divoshin	devotion	dormatory	dormitory
divurje	diverge	dormint	dormant
dizease	disease	dosege	dosage
docter	doctor	dosile	docile
doctrinare	doctrinaire	doudy	dowdy
docuementery	documentary	doue	dough
dodel	dawdle	dourger	dowager
dofin	dauphin	dout	doubt
doge	dodge	dovtale	dovetail
dogeral	doggerel	dowery	dowry
doledrums	doldrums	dragen	dragon
dolfin	dolphin	dramer	drama
doller	dollar	dranege	drainage
domanere	domineer	draun	drawn
domasile	domicile	dred	dread
dominent	dominant	dreem	dream
		drege	dredge
		drery	dreary
		dres	dress
		drie	dry

41

Incorrect	Correct	Incorrect	Correct
drifwood — driftwood		dum — dumb	
dril — drill		dume — doom	
dring — drink		dungin — dungeon	
drivin — drive-in		dunse — dunce	
drivway — driveway		dupleks — duplex	
drizel — drizzle		duplisity — duplicity	
drol — droll		dupplicate — duplicate	
dromendery — dromedary		durration — duration	
droping — dropping		durres — duress	
droup — droop		durring — during	
drouze — drowse		duse — deuce	
drownded — drowned		dutyful — dutiful	
drugery — drudgery		duve — dove	
drugist — druggist		duz — does	
drunkeness — drunkenness		duzen — dozen	
dryd — dried		dwarve — dwarf	
dubbel — double		dy — die	
dubbius — dubious		dyagnose — diagnose	
Duch — Dutch		dycotomy — dichotomy	
duely — duly		dyitery — dietary	
dule — dual		dynasor — dinosaur	
dulness — dullness		dyvon — divan	
dulsit — dulcet			

42

Look-Alikes or Sound-Alikes

dairy (food) · **diary** (personal record)

dam (water) · **damn** (curse)

Dane (nationality) · **deign** (deem worthy)

days (plural of day) · **daze** (confused)

dear (loved) · **deer** (animal)

debauch (to seduce) · **debouch** (to march out)

debouch (to march out) · **debauch** (to seduce)

deceased (dead) · **diseased** (sick)

decent (good) · **descent** (go down) · **dissent** (disagreement)

decree (law) · **degree** (award from school)

defer (postpone) · **differ** (disagree)

definite (precise) · **definitive** (final)

definitive (final) · **definite** (precise)

defused (without a fuse) · **diffused** (filtered or mixed in)

deign (deem worthy) · **Dane** (nationality)

dependence (reliance on others) · **dependents** (those supported by a given person)

dependents (those supported by a given person) · **dependence** (reliance on others)

depositary (the one receiving a deposit) · **depository** (a place where anything is deposited)

deposition (testimony in writing) · **disposition** (temperament)

depository (a place where anything is deposited) · **depositary** (the one receiving a deposit)

depraved (evil) · **deprived** (forbidden)

deprecate (express disapproval) · **depreciate** (to lessen in value)

depreciate (to lessen in value) · **deprecate** (express disapproval)

descendant (has all the meanings of descendent *plus* functions as a noun, and means *offspring*) · **descendent** (falling; proceeding from an original ancestor)

descendent (falling; proceeding from an original ancestor) · **descendant** (has all the meanings of descendent *plus* functions as noun, and means *offspring*)

descent (go down) · **dissent** (disagreement) · **decent** (good)

desert (dry land) · **dessert** (food)

desolate (barren) · **dissolute** (given to wasteful, pleasure-seeking activities)

dessert (food) · **desert** (dry land)

detract (to take away from) · **distract** (to divert)

deuce (two) · **Duce** (Mussolini)

device (a scheme, means) · **devise** (invent)

dew (moisture) · **do** (to act) · **due** (owed)

diagram (sketch) · **diaphragm** (part of body)

diary (personal record) · **dairy** (food)

die (death) · **dye** (change color)

differ (disagree) · **defer** (postpone)

diffused (filtered or mixed in) · **defused** (without a fuse)

43

dinar (Yugoslav currency) ·
dinner (meal)

dine (eat) · dyne (a unit of
force in physics)

dinner (meal) · dinar
(Yugoslav currency)

disapprove (condemn) ·
disprove (prove wrong)

disburse (pay out) · disperse
(break up)

discomfit (to upset another)
· discomfort (uneasiness)

discomfort (uneasiness) ·
discomfit (to upset another)

discreet (prudent) · discrete
(separate, disconnected)

discrete (separate,
disconnected) · discreet
(prudent)

diseased (sick) · deceased
(dead)

disposition (temperament) ·
deposition (testimony in
writing)

dissent (disagreement) ·
decent (good) · descent (go
down)

dissolute (given to wasteful,
pleasure-seeking activities) ·
desolate (barren)

distract (to divert) · detract
(to take away from)

divers (several) · diverse
(different)

diverse (different) · divers
(several)

do (to act) · due (owed) ·
dew (moisture)

doe (deer) · dough (bread)

does (female deers) · doze
(nap)

done (finished) · dun (ask for
payment)

dual (two) · duel (fight)

dudgeon (anger; resentment)
· dungeon (cell in basement
of a prison)

dye (change color) · die
(death)

dyeing (changing color) ·
dying (death)

dyne (a unit of force in
physics) · dine (eat)

E

Incorrect	Correct	Incorrect	Correct
earing	earring	efishency	efficiency
earlyer	earlier	eg	egg
easly	easily	ege	edge
easment	easement	eger	eager
ebiny	ebony	eggsecutive	executive
ebulient	ebullient	egle	eagle
ecconomic	economic	egoe	ego
ech	etch	egsack	exact
eclesiestical	ecclesiastical	egsactly	exactly
eclips	eclipse	egstempiraneus	extemporaneous
eco	echo	egstink	extinct
economacal	economical	egzert	exert
edable	edible	egzotic	exotic
edipus	Oedipus	eightteen	eighteen
editer	editor	ejeck	eject
educatable	educable	eksalt	exalt
edyucate	educate	eksclud	exclude
eele	eel	ekscrewshiate	excruciate
eether	either	eksist	exist
efect	effect	ekstacy	ecstasy
efervesent	effervescent	ekzonerate	exonerate
effert	effort	elagent	elegant
eficashus	efficacious	elagie	elegy
		elament	element

45

Incorrect	Correct	Incorrect	Correct
elbo	elbow	embarassed	embarrassed
eleck	elect	embasador	ambassador
eleet	elite	embelish	embellish
elefent	elephant	embezle	embezzle
elegable	eligible	emblim	emblem
elektristy	electricity	embomb	embalm
elfs	elves	embos	emboss
elikser	elixir	embrase	embrace
elipse	ellipse	embrio	embryo
ellaberate	elaborate	embroyder	embroider
ellaquent	eloquent	emfasis	emphasis
ellementary	elementary	eminate	emanate
elliminated	eliminate	emisary	emissary
ellisit	elicit	emity	enmity
ellude	elude	emmergancy	emergency
elluminate	illuminate	emmployee	employee
ellusadate	elucidate	emolient	emollient
els	else	emoshun	emotion
elum	elm	empier	empire
elve	elf	emporer	emperor
emagrint	emigrant	emptyness	emptiness
emanense	eminence	emty	empty
emarald	emerald	enamerd	enamored

Incorrect	Correct	Incorrect	Correct
enamy	enemy	entier	entire
encompes		entise	entice
	encompass	entree	entry
encorporate		entreet	entreat
	incorporate	entreprise	
endere	endear		enterprise
endever	endeavor	enuf	enough
endoctrinate		enunsiate	
	indoctrinate		enunciate
endorsment		envelup	envelop
	endorsement	envie	envy
enfiltrate		envirement	
	infiltrate		environment
enforcible		envius	envious
	enforceable	envoke	invoke
engeneer		envyable	enviable
	engineer	envys	envies
Englind	England	epacure	epicure
enigetic	energetic	epademic	
enivate	enervate		epidemic
enny	any	epasod	episode
enoble	ennoble	epataf	epitaph
enraige	enrage	eppick	epic
enrap	enwrap	eppok	epoch
enrapcher		equalibrium	
	enrapture		equilibrium
ensin	ensign	equaly	equally
entale	entail	equanocks	
entamology			equinox
	entomology	equidy	equity
entatain	entertain	equipt	equipped
enterance		equivilent	
	entrance		equivalent

47

Incorrect	Correct	Incorrect	Correct
erace	erase	eves	eaves
eratic	erratic	evning	evening
erb	herb	evry	every
erektion	erection	evrywear	
erind	errand		everywhere
erl	earl	evul	evil
erly	early	exackly	exactly
ermin	ermine	exacuate	execute
ernest	earnest	exagarate	
eroneus			exaggerate
	erroneous	examanation	
eror	error		examination
erth	earth	exaust	exhaust
Ery	Erie	excede	exceed
eryudite	erudite	excell	excel
esay	essay	excentric	
escourt	escort		eccentric
esculator		excercise	exercise
	escalator	excitment	
esential	essential		excitement
Eskamo	Eskimo	exessive	
espianoge			excessive
	espionage	exest	exist
estamate	estimate	exgurshin	
Ester	Easter		excursion
et	ate	exhail	exhale
eternaty	eternity	exhorbitant	
ethacal	ethical		exorbitant
etikete	etiquette	exibit	exhibit
evalushun		existance	
	evolution		existence
evedence		exitus	exodus
	evidence	expell	expel

48

Incorrect	Correct	Incorrect	Correct
expence	**expense**	exsize	**excise**
expendible		exspense	**expense**
	expendable	exsperience	
experashun			**experience**
	expiration	extention	
experiance			**extension**
	experience	extracate	
explaination			**extricate**
	explanation	extracuricular	
explative			**extracurricular**
	expletive	extravert	
explisit	**explicit**		**extrovert**
exposel	**exposal**	extravigent	
expres	**express**		**extravagant**
exray	**x-ray**	extreem	**extreme**
exsecutive		extrordinary	
	executive		**extraordinary**
exseed	**exceed**	exzema	**eczema**
exsellent		exzile	**exile**
	excellent	exzilirate	
exsept	**except**		**exhilarate**
exsessive		Eyetalian	**Italian**
	excessive	eyether	**either**
exsist	**exist**	ezy	**easy**
exsiteable		ezzampel	
	excitable		**example**

Look-Alikes or Sound-Alikes

earn (gain) · **urn** (vase)

eccentric (strange) · **acentric** (not centered)

edible (eatable) · **addible** (can be added)

edition (publishing) · **addition** (anything added)

e'er (ever) · **air** (atmosphere) · **heir** (one who inherits)

eerie (ghostly) · **Erie** (the lake) · **eery** (eerie) · **aerie** (eagle's nest)

eery (eerie) · **eerie** (ghostly) · **Erie** (the lake) · **aerie** (eagle's nest)

effect (result; to bring about) · **affect** (to cause)

effective (impressive; operative) · **affective** (emotional)

egret (heron) · **aigrette** (ornamental plume)

eight (the number) · **ate** (did eat)

either (one of two) · **ether** (drug)

elder (refers to age and wisdom dignity) · **older** (refers to age only)

elegy (poem, lament) · **eulogy** (praise)

elicit (draw out) · **illicit** (illegal)

elude (evade) · **illude** (cheat) · **allude** (refer to)

elusion (evasion, escape by deception) · **allusion** (reference to) · **illusion** (false impression)

elusive (evasive) · **allusive** (referring to) · **illusive** (deceptive)

emend (remove errors) · **amend** (change)

emerge (to come out) · **immerge** (to plunge into)

emersed (standing above) · **immersed** (plunged in liquid)

emigrant (leaves country) · **immigrant** (enters country)

eminent (well-known) · **imminent** (about to happen)

emit (to send out) · **immit** (to send in)

emollient (softening) · **emolument** (profit, salary, fee)

emolument (profit, salary, fee) · **emollient** (softening)

empire (dominion) · **umpire** (referee)

enable (to make able) · **unable** (not able)

enervate (to deprive of nerve or strength) · **innervate** (to invigorate)

enmity (hostility) · **amity** (friendship)

ensure (to make sure or secure) · **insure** (an alternate spelling of ensure)

entomology (study of insects) · **etymology** (study of words)

envelop (to surround) · **envelope** (stationery)

epic (classic) · **epoch** (age)

epigraph (motto) · **epitaph** (inscription) · **epithet** (curse)

equable (not varying) · **equitable** (fair)

equitable (fair) · **equable** (not varying)

era (age) · **error** (mistake)

ere (before) · **err** (to do wrong)

erect (to build) · **eruct** (to belch, or cast forth)

Erie (the lake) · **eerie** (ghostly) · **eery** (eerie) · **aerie** (eagle's nest)

erotic (sexy) · **erratic** (uneven)

errand (trip) · **errant** (roving)

eruct (to belch, or cast forth) · **erect** (to build)

eruption (a bursting out) · **irruption** (a bursting in)

especial (exceptional, preeminent) · **special** (particular, specific)

essay (composition) · **assay** (evaluate)

estray (noun, anything out of its normal place) · **astray** (adv., out of the right place)

ether (drug) · **either** (one of two)

etymology (study of words) · **entomology** (study of insects)

eunuch (sexless) · **unique** (sole)

everyone (all persons) · **every one** (each one, considered separately, one after the other)

everything (the entire situation, viewed as one total mass) · **every thing** (each item in the given situation)

ewe (sheep) · **yew** (tree) · **you** (person)

exalt (glorify) · **exult** (rejoice)

exceed (go beyond) · **accede** (agree)

except (leave out) · **accept** (agree)

exceptionable (objectionable) · **exceptional** (out of the ordinary)

exceptional (out of the ordinary) · **exceptionable** (objectionable)

excess (too much) · **access** (get to)

exercise (practice) · **exorcise** (drive away evil spirits)

expansive (capable of stretching) · **expensive** (costly)

expensive (costly) · **expansive** (capable of stretching)

expose (to uncover) · **exposé** (an account of scandalous facts or shameful deeds)

exposé (an account of scandalous facts or shameful deeds) · **expose** (to uncover)

extant (still done) · **extent** (width)

eye (see) · **aye** (yes) · **I** (me)

F

Incorrect	Correct	Incorrect	Correct
fabel	**fable**	famin	**famine**
fabrik	**fabric**	famly	**family**
fabulus	**fabulous**	famus	**famous**
faceing	**facing**	fancyful	**fanciful**
fachewal	**factual**	fansy	**fancy**
fachuos	**fatuous**	fanticy	**fantasy**
facinate	**fascinate**	fantom	**phantom**
facshun	**faction**	farely	**fairly**
facter	**factor**	farenheit	
factery	**factory**		**Fahrenheit**
fadelity	**fidelity**	farmacy	
faent	**faint**		**pharmacy**
faery	**fairy**	farse	**farce**
faim	**fame**	fase	**face**
fain	**feign**	fasetious	
faksimile			**facetious**
	facsimile	fashial	**facial**
fakt	**fact**	fashon	**fashion**
fakulty	**faculty**	fasilitate	
fale	**fail**		**facilitate**
falibel	**fallible**	fasinate	**fascinate**
falicitate		fasithia	**forsythia**
	felicitate	fasodd	**façade**
falicy	**fallacy**	fassen	**fasten**
falkin	**falcon**	fateeg	**fatigue**
fallse	**false**	fatel	**fatal**
falsafy	**falsify**	faten	**fatten**
falseto	**falsetto**	fatful	**fateful**
falt	**fault**	fath	**faith**
familliar	**familiar**	father	**farther**

52

Incorrect	Correct	Incorrect	Correct
fathim	fathom	fergive	forgive
faught	fought	fernish	furnish
faverible		fersake	forsake
	favorable	fertil	fertile
fawcet	faucet	fery	ferry
fawl	fall	fesable	feasible
fayth	faith	festavil	festival
feal	feel	feter	fetter
feasco	fiasco	fether	feather
Febuary		feu	few
	February	feuneril	funeral
fech	fetch	feurius	furious
fedral	federal	feva	fever
feeblely	feebly	ficks	fix
feend	fiend	fidle	fiddle
feest	feast	fiebrus	fibrous
feeture	feature	fiel	file
feild	field	fier	fire
feirce	fierce	figet	fidget
fel	fell	figger	figure
fella	fellow	fikil	fickle
feller	fellow	Filadelphia	
fellony	felony		Philadelphia
fellt	felt	filanderer	
femenine			philanderer
	feminine	filanthropy	
fenobarbital			philanthropy
	phenobarbital	filately	philately
fenomenon		filay	filet
	phenomenon	file	faille
fense	fence	filharmonic	
fere	fear		philharmonic
ferget	forget	fillter	filter

53

Incorrect	Correct	Incorrect	Correct
fillum	film	flamible	
filmsy	flimsy		flammable
filosophy		flaper	flapper
	philosophy	flasid	flaccid
finanse	finance	flatary	flattery
finanshil		flaten	flatten
	financial	flater	flatter
finatic	fanatic	flaver	flavor
finese	finesse	flaygrent	flagrant
fingger	finger	flech	flesh
finil	final	flecksible	flexible
finly	finely	flee	flea
fireing	firing	fleese	fleece
firey	fiery	flegeling	
firlo	furlough		fledgling
firment	ferment	flem	phlegm
firoshus	ferocious	flert	flirt
firther	further	flete	fleet
fishion	fission	flie	fly
fisically		flikker	flicker
	physically	flipint	flippant
fisiology		flirtacious	
	physiology		flirtatious
fite	fight	flite	flight
fiting	fitting	flok	flock
fium	fume	floorist	florist
flabergas		floot	flute
	flabbergast	flor	flaw
flache	flake	flore	floor
flachulent		floresent	
	flatulent		fluorescent
flaging	flagging	floride	fluoride
flaim	flame	floris	florist

54

Incorrect	Correct	Incorrect	Correct
floriscope	————	fondal ——	fondle
	— fluoroscope	fonetic —	phonetic
florish ——	flourish	fonics ——	phonics
Florrida —	Florida	fonograph	————
flote ————	float		— phonograph
flotila ——	flotilla	fonte ————	font
flouer ——	flower	fony ————	phony
floun ————	flown	forcast ——	forecast
flownder	————	forceable —	forcible
	— flounder	forchoon —	fortune
flownse ——	flounce	forck ————	fork
flud ————	flood	forclose —	foreclose
flued ————	fluid	forebid ——	forbid
fluint ————	fluent	fored ——	forehead
flys ————	flies	fore ever —	forever
fo ————	foe	forfit ——	forfeit
fobia ————	phobia	forgone —	foregone
focit ————	faucet	forgry ——	forgery
focks ————	fox	forhead —	forehead
fogy ————	foggy	forin ——	foreign
foke ————	folk	forje ——	forge
fokil ————	focal	formadable	————
fokis ————	focus		— formidable
foksel —	forecastle	formaly —	formally
foled ————	fold	forman —	foreman
folige ————	foliage	forment —	foment
foller ————	follow	formil —	formal
foly ————	folly	formost —	foremost
fom ————	farm	forrest ——	forest
fome ————	foam	forrum ——	forum
fomer ——	former	forsee ——	foresee
fomula —	formula	forsight —	foresight
fon ————	fawn	fortatude —	fortitude

55

Incorrect	Correct	Incorrect	Correct
forteen	fourteen	frojalent	
fosfate	phosphate		fraudulent
fosforescence		frok	frock
	phosphorescence	fronteersman	
fosforus			frontiersman
	phosphorus	frontspiece	
fosil	fossil		frontispiece
foth	forth	frosen	frozen
foto	photo	frought	fraught
fountin	fountain	froun	frown
fourty	forty	frugl	frugal
foward	forward	fruntil	frontal
fownd	found	frutful	fruitful
fraim	frame	Fryday	Friday
frale	frail	fued	feud
frase	phrase	fuedal	feudal
frate	freight	fugative	fugitive
fraygrince		fuge	fugue
	fragrance	fuje	fudge
freek	freak	fullfil	fulfill
Freid	Freud	fumbil	fumble
frekel	freckle	funcshin	function
frend	friend	fundimental	
frequincy			fundamental
	frequency	funel	funnel
freshin	freshen	funeril	funeral
fricasee	fricassee	fungis	fungus
fricshin	friction	funy	funny
frier	friar	furlow	furlough
frinje	fringe	furm	firm
frite	fright	furnature	
friternel	fraternal		furniture
frivlous	frivolous		

56

Incorrect	Correct	Incorrect	Correct
fury	furry	futball	football
fusalege	fuselage	futere	future
fusha	fuchsia	futil	futile
fust	first	fyancy	fiance

Look-Alikes or Sound-Alikes

facet (side) · faucet (water)

facility (skill) · felicity (happiness)

faerie (obsolete form of fairy, meaning enchantment) · fairy (a supernatural being) · ferry (boat)

fair (just) · fare (pay for travel)

fairy (a supernatural being) faerie (obsolete form of fairy meaning enchantment) · ferry (boat)

faker (fraud) · fakir (Moslem sect)

fantasy (a far-fetched imaginary idea) · phantasy (same as *fantasy*, more archaic)

farther (refers to physical distance) · further (refers to extent or degree)

fatal (deathly) · fateful (of very great importance)

fate (destiny) · fete (festival)

fateful (of very great importance) · fatal (deathly)

faun (rural deity) · fawn (servile; young deer)

faze (worry) · phase (stage)

fays (fairies)

feint (pretend) · faint (weak)

felicity (happiness) · facility (skill)

ferment (yeast) · foment (incite)

fiancé (engaged) · finance (money)

fiend (monster) · friend (companion)

filing (put in order) · filling (to make full)

finale (the end) · finally (at last) · finely (excellently)

find (locate) · fined (penalty)

fineness (being fine) · finesse (subtle, skill)

fir (tree) · fur (hair of animal)

fiscal (money) · physical (body)

fisher (one who fishes) · fissure (split)

flagrant (glaring) · fragrant (nice odor)

flair (aptitude) · flare (burn)

flaunt (ostentatious display) · flout (reject contemptuously)

flea (insect) · flee (run away)

flèche (a spire) · flesh (meat)

flesh (meat) · flèche (a spire)

flew (did fly) · flu (influenza) · flue (chimney)

flour (food) · flower (plant)

flout (reject contemptuously) · flaunt (ostentatious display)

fogy (conservative) · foggy (blurred)

foment (incite) · ferment (yeast)

fondling (caressing) · foundling (deserted infant)

57

for (in behalf of) · **four**
(number) · **fore** (golf)
forego (precede) · **forgo** (do
without)
foreword (introduction) ·
forward (move ahead)
formally (conventionally) ·
formerly (before now)
fort (military) · **forte** (strong
point)
forth (forward) · **fourth**
(number)
foul (dirty, unfair) · **fowl**
(bird)
foundling (deserted infant) ·
fondling (caressing)
franc (French money) · **frank**
(blunt)
Frances (girl) · **Francis** (boy)
France's (of France)
frays (battles) · **phrase**
(words)

frees (set free) · **freeze** (cold)
· **frieze** (cloth or ornament)
frenetic (frantic) · **phrenetic**
(insane)
friend (companion) · **fiend**
(monster)
funeral (a ceremony for the
dead) · **funereal** (mournful)
funereal (mournful) · **funeral**
(a ceremony for the dead)
Fuehrer (leader used esp. for
Adolf Hitler) · **furor**
(commotion)
fur (hair of animal) · **fir** (tree)
furor (commotion) · **Fuehrer**
(leader used esp. for Adolf
Hitler)
further (refers to extent or
degree) · **farther** (refers to
physical distance)

G

Incorrect	Correct	Incorrect	Correct
gaberdeen	gabardine	gaskit	gasket
gaget	gadget	gasseous	gaseous
gail	gale	gastly	ghastly
gailic	gallic	gatare	guitar
gaim	game	gawdy	gaudy
galacksy	galaxy	gawse	gauze
galary	gallery	gaz	gas
galent	gallant	gazel	gazelle
galin	gallon	gazet	gazette
galip	gallop	geep	jeep
galows	gallows	geer	gear
gama globlin	gamma globulin	geesha	geisha
gambul	gamble	geetar	guitar
gammit	gamut	geneology	genealogy
gangreen	gangrene	genrally	generally
garantee	guarantee	genrus	generous
gararge	garage	gentelman	gentleman
garbige	garbage	gentlely	gently
gard	guard	genuwine	genuine
gardin	garden	genyus	genius
gardner	gardener	gergul	gurgle
garilus	garrulous	gerl	girl
garit	garret	germain	germane
garlick	garlic	Germin	German
gasalene	gasoline	gescher	gesture
gasha	geisha	gess	guess

59

Incorrect	Correct	Incorrect	Correct
gest	guest	gliserin	glycerin
getto	ghetto	gliter	glitter
gidance	guidance	globle	global
gide	guide	glorafy	glorify
gidy	giddy	glosary	glossary
gient	giant	glume	gloom
gigal	giggle	glutin	glutton
giggolo	gigolo	goble	gobble
gilless	guileless	goblit	goblet
gimick	gimmick	goch	gauche
giminasium	gymnasium	gode	goad
ginacology	gynecology	godess	goddess
		gofer	gopher
ginee	guinea	gole	goal
gingam	gingham	gon	gone
girdal	girdle	gondala	gondola
gise	guise	gord	gourd
git	get	Gorgia	Georgia
givaway	giveaway	gorgous	gorgeous
		gormet	gourmet
giy	guy	gosamer	gossamer
glair	glare		
glajer	glazier	gosip	gossip
glamerus	glamorous	gosspel	gospel
		gost	ghost
glanse	glance	gote	goat
glas	glass	goten	gotten
glashul	glacial	goun	gown
gleem	gleam	govener	governor
glidder	glider		
glimer	glimmer	govenment	government
glimse	glimpse		

60

Incorrect	Correct	Incorrect	Correct
graditude –	**gratitude**	greze	**grease**
gradjel —	**gradual**	grile	**grille**
graf	**graph**	grimas —	**grimace**
graid	**grade**	groap	**grope**
gramer —	**grammar**	grone	**groan**
gran	**grand**	groop	**group**
granaid —	**grenade**	grose	**gross**
grandaughter		grosry —	**grocery**
	— granddaughter	grotesk	
grandur —	**grandeur**		**— grotesque**
grane	**grain**	gruje	**grudge**
gras	**grass**	gruvil	**grovel**
grashus —	**gracious**	guage	**gauge**
gravaty —	**gravity**	gud	**good**
gravle	**gravel**	guidence	
grayhound			**— guidance**
	— greyhound	gullable —	**gullible**
graysful —	**graceful**	guner	**gunner**
greatful —	**grateful**	guse	**goose**
gredy	**greedy**	guter	**gutter**
greif	**grief**	guterul —	**guttural**
greive	**grieve**	guverment	
greivence			**— government**
	— grievance	guvnor —	**governor**
grene	**green**	guyser —	**geyser**
grete	**greet**	gypsim —	**gypsum**
grewsome			
	— gruesome		

Look-Alikes or Sound-Alikes

gage (security) · **gauge** (measure)

gait (walk) · **gate** (door)

gallstone (pertains to medicine) · **goldstone** (pertains to mineralogy)

gamble (bet) · **gambol** (frolic)

gamin (a street urchin) · **gammon** (a deceitful trick)

gantlet (narrowing of two railroad tracks; punishment) · **gauntlet** (glove)

gat (obsolete past tense of get) · **ghat** (a pass through a mountain chain)

gauntlet (glove) · **gantlet** (narrowing of two railroad tracks; punishment)

genius (brilliant) · **genus** (class)

genteel (polite) · **gentle** (tame) · **gentile** (any non-Jew)

gesture (move) · **jester** (clown)

ghat (a pass through a mountain chain) · **gat** (obsolete past tense of get)

gibe (to sneer at) · **jibe** (to agree; to swing from side to side)

gild (gold cover) · **guild** (association)

gilt (gold) · **guilt** (lawbreaking)

glacier (iceberg) · **glazier** (glass maker)

gloom (a sad, dismal atmosphere) · **glume** (a botanical term)

glume (a botanical term) · **gloom** (a sad, dismal atmosphere)

gluten (substance found in flour of wheat and other grains) · **glutton** (a person w eats to excess)

glutton (a person who eats t excess) · **gluten** (substance found in flour of wheat and other grains)

gnu (animal) · **knew** (did know) · **new** (not old)

goldstone (pertains to mineralogy) · **gallstone** (pertains to medicine)

gorilla (ape) · **guerrilla** (wa

grate (bars; grind) · **great** (large)

grease (oil or unctuous matt · **Greece** (a nation in Europ

grip (grasp) · **gripe** (compla · **grippe** (disease)

grisly (ghastly) · **gristly** (ful of bones) · **grizzly** (grayish)

groan (moan) · **grown** (mature)

guarantee (to secure, insure used as verb, this is the preferred spelling by lawye · **guaranty** (same as guaran

guessed (did guess) · **guest** (visitor)

guild (association) · **gild** (g cover)

guilt (lawbreaker) · **gilt** (go

62

H

Incorrect	Correct	Incorrect	Correct
habadasher — haberdasher		hamer — hammer	
habichawate — habituate		hamlit — hamlet	
habillitate — habilitate		handel — handle	
hach — hatch		handycap — handicap	
hadick — haddock		hanful — handful	
hae — hay		hangkerchif — handkerchief	
haf — half		hant — haunt	
hagerd — haggard		hapin — happen	
hagil — haggle		happly — happily	
hainus — heinous		haradin — harridan	
hairbrained — harebrained		harange — harangue	
hairloom — heirloom		harber — harbor	
hait — hate		harboild — hardboiled	
hake — hack		hardning — hardening	
halaluyah — hallelujah		haried — harried	
Halaween — Halloween		Harlacwin — Harlequin	
halfs — halves		harmoenyus — harmonious	
halow — hallow		harnis — harness	
halsion — halcyon		harrass — harass	
halusinate — hallucinate		harth — hearth	
hamberger — hamburger		harty — hearty	
		hasard — hazard	
		hasen — hasten	

63

Incorrect	**Correct**	Incorrect	**Correct**
hasienda	— **hacienda**	hellmit	— **helmet**
hasle	**hassle**	helo	**hello**
hatchit	**hatchet**	helth	**health**
Hawayi	**Hawaii**	hemaglobin	— **hemoglobin**
hawse	**horse**	hemesphere	— **hemisphere**
hiyena	**hyena**	hemmorage	— **hemorrhage**
haylo	**halo**	hena	**henna**
hayrim	**harem**	hensfourth	— **henceforth**
hayvin	**haven**	heratige	— **heritage**
hazil	**hazel**	herbashus	— **herbaceous**
headake	— **headache**	herdel	**hurdle**
headinist	— **hedonist**	herild	**herald**
headress	— **headdress**	hering	**herring**
heartally	**heartily**	herisy	**heresy**
hecktic	**hectic**	herl	**hurl**
hed	**head**	hermatige	— **hermitage**
hede	**heed**	heros	**heroes**
heep	**heap**	herredity	— **heredity**
heet	**heat**	herron	**heron**
heffer	**heifer**	her's	**hers**
heighth	**height**	herse	**hearse**
heirarchy	— **hierarchy**	hertofore	— **heretofore**
heje	**hedge**	hesatate	**hesitate**
hekil	**heckle**	hetagenius	— **heterogeneous**
heksigon	**hexagon**		
hel	**hell**		
hellicopter	— **helicopter**		

Incorrect	Correct	Incorrect	Correct
hethin	**heathen**	hipnotist	
heve	**heave**		**— hypnotist**
heven	**heaven**	hipocrite	
hevy	**heavy**		**— hypocrite**
hibonate		hipopotimis	
	— hibernate		**— hippopotamus**
hibread	**hybrid**	hirarchy	
hibrow	**highbrow**		**— hierarchy**
hich	**hitch**	hirling	**hireling**
hiden	**hidden**	hiroglific	
hideus	**hideous**		**— hieroglyphic**
hidrafobia		histeria	**hysteria**
	— hydrophobia	histry	**history**
hidranja		hoby	**hobby**
	— hydrangea	hocky	**hockey**
hidraulic		hojpoj	
	— hydraulic		**— hodgepodge**
hidrint	**hydrant**	hoks	**hoax**
hidrogen		holesale	**wholesale**
	— hydrogen	holesome	
hiensite	**hindsight**		**— wholesome**
hifen	**hyphen**	holindaze	
hight	**height**		**— hollandaise**
hikery	**hickory**	hollicust	
hillarius	**hilarious**		**— holocaust**
hinderance		holliday	**holiday**
	— hindrance	holow	**hollow**
hiness	**highness**	holyness	**holiness**
hinj	**hinge**	hom	**home**
hipadermic		homaker	
	— hypodermic		**— homemaker**
hipertension		homaside	
	— hypertension		**— homicide**

Incorrect	Correct	Incorrect	Correct
homegeneous — homogeneous		horty — **haughty**	
homly — **homely**		hosh — **harsh**	
hommage — homage		hospatol — **hospital**	
		hostige — **hostage**	
homsted — homestead		hostle — **hostile**	
		hottel — **hotel**	
honerable — honorable		houshold — household	
		houswife — housewife	
honeydo — honeydew		houzing — **housing**	
honist — **honest**		hovist — **harvest**	
honny — **honey**		howel — **howl**	
honrary — **honorary**		hownd — **hound**	
hont — **haunt**		howzes — **houses**	
hoo — **who**		hoy polloy — hoi polloi	
hoove — **hoof**			
hopeing — **hoping**		hoyst — **hoist**	
horafyd — **horrified**		hoze — **hose**	
horemone — hormone		hoziery — **hosiery**	
		hud — **hood**	
horenjus — horrendous		hudel — **huddle**	
horible — **horrible**		huf — **hoof**	
horizen — **horizon**		huk — **hook**	
hornit — **hornet**		hukelbery — huckleberry	
horra — **horror**			
horrorscope — horoscope		humer — **humor**	
		humilliate — humiliate	
horsey — **horsy**			
horspital — **hospital**		huming — **humming**	
hortaculcher — horticulture		humrus — humorous	
		hunderd — **hundred**	

Incorrect	Correct	Incorrect	Correct
hungar	hunger	hyatis	hiatus
hungary	hungry	hygene	hygiene
huray	hurray	hymnil	hymnal
huricane	hurricane	hypacrite	hypocrite
husle	hustle	hypatheticle	hypothetical
huvel	hovel	hypocracy	hypocrisy
huver	hover		
huzbind	husband		
huzy	hussy		

Look-Alikes or Sound-Alikes

hail (salute; ice) · **hale** (hearty)

hair (on head) · **hare** (rabbit)

haircut (the process of cutting the hair) · **haricot** (bean; stew)

hale (hearty) · **hail** (salute; ice)

hall (room) · **haul** (pull in)

hallow (to make holy) · **halo** (circle of light around head to show saintliness) · **hollow** (empty inside) · **holler** (to shout)

handsome (looks) · **hansom** (cab)

hangar (shelter) · **hanger** (clothes holder)

haricot (bean; stew) · **haircut** (the process of cutting the hair)

hart (stag) · **heart** (body)

haunch (buttocks) · **hunch** (a guess, conjecture)

hay (dried grass eaten by cattle) · **hey!** (an exclamation)

heal (mend) · **heel** (of foot) · **he'll** (he will)

hear (with the ear) · **here** (this place)

heard (did hear) · **herd** (animals)

heaume (helmet) · **home** (a house)

heir (inheritor) · **air** (atmosphere) · **e'er** (ever)

hence (from this time or place) · **thence** (from that time or place)

heroin (drug) · **heroine** (lady hero)

hew (chop) · **hue** (color) · **Hugh** (name)

hey! (an exclamation) · **hay** (dried grass eaten by cattle)

higher (taller) · **hire** (employ)

him (he) · **hymn** (song)

hoard (collect) · **horde** (swarm)

hoarse (harsh) · **horse** (animal)

hoes (digs) · **hose** (stockings)

hole (opening) · **whole** (complete)

holey (having holes) · **holy** (religious) · **wholly** (fully)

holiday (a day of exemption from work) · **holy day** (a religious feast day)

holler (to shout) · **hollow** (empty inside) · **hallow** (to make holy) · **halo** (circle of light around head to show saintliness)

hollow (empty inside) · **hallow** (to make holy) · **halo** (circle of light around head to show saintliness) · **holler** (to shout)

holy day (a religious feast day) · **holiday** (a day of exemption from work)

home (a house) · **heaume** (helmet)

homogeneous (of the same character, essentially alike) ·
homogenous (of common origin)

homogenous (of common origin) · **homogeneous** (of the same character, essentially alike)

hoop (circle) · **whoop** (holler)

hospitable (friendly) · **hospital** (for the sick)

hour (time) · **our** (belongs to us)

hue (color) · **hew** (chop) · **Hugh** (name)

human (of man) · **humane** (kind)

hunch (a guess, conjecture) · **haunch** (buttocks)

hymn (song) · **him** (he)

hypercritical (over-critical) · **hypocritical** (pretending to be what one is not)

I

Incorrect	Correct	Incorrect	Correct
iadine	**iodine**	iland	**island**
ibeks	**ibex**	ile	**isle**
iceing	**icing**	ilegal	**illegal**
ich	**itch**	ilegible	**illegible**
ideel	**ideal**	Ilinois	**Illinois**
ideer	**idea**	iliterate	**illiterate**
idendicle	**identical**	illagitimate	**illegitimate**
identafy	**identify**		
idget	**idiot**	illiad	**Iliad**
idiet	**idiot**	illisit	**illicit**
idiology	**ideology**	ilness	**illness**
idiosyncracy	**idiosyncrasy**	ilogigal	**illogical**
		ilujun	**illusion**
idium	**idiom**	iluminate	**illuminate**
idollater	**idolater**		
idylic	**idyllic**	ilustrate	**illustrate**
idz	**ides**	imaculate	**immaculate**
iern	**iron**		
ignamineus	**ignominious**	imadgine	**imagine**
ignerant	**ignorant**	imaginible	**imaginable**
ignor	**ignore**		
igwana	**iguana**	imagrint	**immigrant**
igzasprate	**exasperate**		
		imatation	**imitation**
ikon	**icon**		
ikonaclass	**iconoclast**	imaterial	**immaterial**
ikthiology	**ichthyology**	imature	**immature**

69

Incorrect	**Correct**	Incorrect	**Correct**
imbicile — **imbecile**		impell —— **impel**	
imbiew —— **imbue**		impenitrible ——	
imeasureable ——			**impenetrable**
	— immeasurable	impetent ——	
imediate ——			**— impotent**
	— immediate	impicunius ——	
imense — **immense**			**— impecunious**
imige —— **image**		impinje — **impinge**	
iminint — **imminent**		impius — **impious**	
immagination ——		implament ——	
	— imagination		**— implement**
immemrable ——		implaquable ——	
	— immemorable		**— implacable**
immesh — **enmesh**		implie —— **imply**	
imobil — **immobile**		implisit — **implicit**	
imoral — **immoral**		imployee ——	
imortil — **immortal**			**— employee**
impare —— **impair**		inpolite — **impolite**	
imparshal – **impartial**		importence ——	
impashent ——			**— importance**
	— impatient	imposibility ——	
impashoned ——			**— impossibility**
	— impassioned	imprasario ——	
impass — **impasse**			**— impresario**
impaterbable ——		impres — **impress**	
	— imperturbable	impreshin ——	
impatus — **impetus**			**— impression**
impech — **impeach**		impromtu ——	
impecible ——			**— impromptu**
	— impeccable	improvment ——	
impeed —— **impede**			**— improvement**
impeerial ——		impuin — **impugn**	
	— imperial	impyaty — **impiety**	

70

Incorrect	Correct	Incorrect	Correct
imune	**immune**	incombent	
inable	**enable**		**— incumbent**
inabt	**inapt**	incondecent	
inacceptable			**— incandescent**
	— unacceptable	incorijible	
inain	**inane**		**— incorrigible**
inate	**innate**	incorperate	
inaugarate			**— incorporate**
	— inaugurate	incourage	
inavoidable			**— encourage**
	— unavoidable	incrament	
inbalance			**— increment**
	— imbalance	incredable	
inbieb	**imbibe**		**— incredible**
incalcable		increse	**increase**
	— incalculable	incroch	**encroach**
incarnit	**incarnate**	incured	**incurred**
incesint	**incessant**	incuring	
inchant	**enchant**		**— incurring**
inchoir	**enquire**	incyclopedia	
incidently			**— encyclopedia**
	— incidentally	indago	**indigo**
incipid	**insipid**	indalent	**indolent**
inclanation		indefensable	
	— inclination		**— indefensible**
inclemit		indekerus	
	— inclement		**— indecorous**
inclood	**include**	indeks	**index**
inclosher		indelable	
	— enclosure		**— indelible**
incogneto		independant	
	— incognito		**— independent**

Incorrect	Correct	Incorrect	Correct
indesent	**indecent**	inersha	**inertia**
indesirable		inervate	
	undesirable		**innervate**
indetted	**indebted**	inevatable	
indiferent			**inevitable**
	indifferent	inexrable	
indijinus			**inexorable**
	indigenous	infadelaty	
indiketive			**infidelity**
	indicative	infalible	
inditement			**infallible**
	indictment	infanitly	**infinitely**
individuly		infecshun	
	individually		**infection**
indocternate		infent	**infant**
	indoctrinate	infered	**infrared**
indomnitable		inferier	**inferior**
	indomitable	infermary	
indowment			**infirmary**
	endowment	infermashun	
inducment			**information**
	inducement	infimous	
indurance			**infamous**
	endurance	infinative	
industral			**infinitive**
	industrial	infincy	**infancy**
Indyan	**Indian**	infiriate	**infuriate**
inefable		inflamable	
	ineffable		**inflammable**
ineficashus		inflashin	**inflation**
	inefficacious	infleckshun	
iner	**inner**		**inflection**

72

Incorrect	Correct	Incorrect	Correct
influinse	**influence**	inlighten	
inforce	**enforce**		**— enlighten**
infrence		innacurate	
	— inference		**—inaccurate**
infur	**infer**	innapropriate	
infuze	**infuse**		**— inappropriate**
ingagement		innaugurate	
	— engagement		**— inaugurate**
ingection		innauspicious	
	— injection		**— inauspicious**
ingine	**engine**	innebreate	
Inglish	**English**		**— inebriate**
ingrachiate		innechative	
	— ingratiate		**— initiative**
ingrave	**engrave**	inneficient	
ingreedient			**— inefficient**
	— ingredient	innoculate	
inhabatint			**— inoculate**
	— inhabitant	inocense	
inhabition			**— innocence**
	— inhibition	inocuous	
inhail	**inhale**		**— innocuous**
inhanse	**enhance**	inordinant	
inherrit	**inherit**		**— inordinate**
inishal	**initial**	inormous	
injary	**injury**		**— enormous**
injeanius		inovate	**innovate**
	— ingenious	inpersonal	
injery	**injury**		**— impersonal**
injoyment		inquier	**inquire**
	— enjoyment	inrich	**enrich**
injustise	**injustice**	insalate	**insulate**
		insalent	**insolent**

73

Incorrect	Correct	Incorrect	Correct
insanaty	**insanity**	instrament	
inscrewtable			**instrument**
	inscrutable	insufrable	
inseck	**insect**		**insufferable**
insendery		intagrate	
	incendiary		**integrate**
insentive		intamate	**intimate**
	incentive	intamediete	
inseprable			**intermediate**
	inseparable	intangle	**entangle**
insest	**incest**	intanjible	
insident	**incident**		**intangible**
insied	**inside**	integeral	**integral**
insinerator		intelectual	
	incinerator		**intellectual**
insipient	**incipient**	intelegance	
insipordinate			**intelligence**
	insubordinate	intemprate	
insise	**incise**		**intemperate**
insistant	**insistent**	intensafy	**intensify**
insite	**insight**	intenshun	
insolluble			**intention**
	insoluble	intercep	**intercept**
insparation		intercorse	
	inspiration		**intercourse**
instagate		interduce	
	instigate		**introduce**
instatute	**institute**	interferance	
insted	**instead**		**interference**
instense	**instance**	interlewd	
instink	**instinct**		**interlude**
instintaneus		intermitent	**intermittent**
	instantaneous		

74

Incorrect	Correct	Incorrect	Correct
internul	**internal**	investagate	
interpalate			**— investigate**
	— interpolate	invigerate	
interpet	**— interpret**		**— invigorate**
interrest	**— interest**	invironment	
intersede			**— environment**
	— intercede	invit	**invite**
intersession		invizable	
	— intercession		**— invisible**
interupt		invoise	**invoice**
	— interrupt	inwerd	**inward**
intervue		iradesense	
	— interview		**— iridescence**
inthusiasm		irational	
	— enthusiasm		**— irrational**
intifere	**interfere**	iredeemable	
intoragate			**— irredeemable**
	— interrogate	iregular	**irregular**
intoxacate		irelevence	
	— intoxicate		**— irrelevance**
intracacy		iresistable	
	— intricacy		**— irresistible**
intreeg	**intrigue**	iresistible	
intresting			**— irresistible**
	— interesting	iresponsible	
intrist	**interest**		**— irresponsible**
inuendo	**innuendo**	irevocable	
inurt	**inert**		**— irrevocable**
invallid	**invalid**	irigate	**irrigate**
invazhun	**invasion**	iritable	**irritable**
invegel	**inveigle**	irascible	
invenerate			**— irascible**
	— inveterate		

Incorrect	Correct	Incorrect	Correct
irregardless		ishue	— issue
	— regardless	ishuence	
irrelentless			— issuance
	— relentless	ismus	— isthmus
irrevelant		itim	— item
	— irrelevant	ivary	— ivory
isalate	— isolate	ivey	— ivy
isatope	— isotope	Izlam	— Islam
isberg	— iceberg	Izland	— Iceland
ise	— ice	Izrael	— Israel
Isenhower			
	— Eisenhower		

Look-Alikes or Sound-Alikes

idle (inactive) · idol (false god) · idyll (simple pastoral scene)

I'll (I will) · aisle (passage) · isle (island)

illegible (unreadable) · ineligible (unqualified)

illicit (illegal) · elicit (draw out)

illude (cheat) · allude (refer to)

illusion (false impression) · elusion (evasion, escape by deception) · allusion (reference to)

illusive (deceptive) · allusive (referring to) · elusive (evasive)

imbrue (moisten, especially with blood) · imbue (permeate, color deeply)

imbue (permeate, color deeply) · imbrue (moisten, especially with blood)

immerge (to plunge into) · emerge (to come out)

immersed (plunged in) · emersed (standing out)

immigrant (enters country) · emigrant (leaves country)

imminent (about to happen) · eminent (well-known)

immit (to send in) · emit (to send out)

immoral (evil) · amoral (without a sense of moral responsibility)

immunity (exemption from duty; power to resist disease) · impunity (exemption from punishment or harm)

impassable (closed) · impassible (incapable of being hurt) · impossible (not possible)

impostor (pretender) · imposture (deception)

impunity (exemption from punishment or harm) · immunity (exemption from duty; power to resist disease)

76

in ([prep.] on the inside) · **inn** (hotel)

inane (pointless) · **insane** (mad)

incipient (beginning to exist) · **insipient** (unwise)

incite (stir up) · **insight** (keen understanding)

indiscreet (unwise) · **indiscrete** (unseparated)

ineligible (not qualified) · **illegible** (unreadable)

inequity (injustice) · **iniquity** (wickedness)

ingenious (original) · **ingenuous** (innocent)

inn (hotel) · **in** ([prep.] on the inside)

innervate (to invigorate) · **enervate** (to deprive of strength)

insane (mad) · **inane** (pointless)

insert (to put in) · **inset** (that which is set in)

insight (keen understanding) · **incite** (stir up)

insipient (unwise) · **incipient** (beginning to exist)

insulate (to place in a detached situation) · **insolate** (to expose to the sun)

insurance (protection) · **assurance** (certainty)

insure (an alternate spelling of ensure) · **ensure** (to make sure or secure)

intense (in an extreme degree) · **intents** (purpose)

intern (to act as a hospital intern) · **inturn** (an inward turn or bend)

internment (state of being detained or held) · **interment** (burial)

interpellate (to question a minister or executive officer) · **interpolate** (to alter or insert new matter)

interpolate (to alter or insert new matter) · **interpellate** (to question a minister or executive officer)

intestate (without a will) · **interstate** (between states) · **intrastate** (within state)

inturn (an inward turn or bend) · **intern** (to act as a hospital intern)

irrelevant (not pertinent) · **irreverent** (disrespect)

irruption (a bursting in) · **eruption** (a bursting out)

isle (island) · **aisle** (passage) · **I'll** (I will)

it's (it is) · **its** (belonging to it)

77

J

Incorrect	Correct	Incorrect	Correct
jackel	**jackal**	jerney	**journey**
jacknife	**jackknife**	jersy	**jersey**
jael	**jail**	jeryatricks	
jagantic	**gigantic**		**geriatrics**
jaged	**jagged**	jest	**just**
jagwar	**jaguar**	jetison	**jettison**
jaid	**jade**	jety	**jetty**
jakass	**jackass**	jewellary	**jewelry**
jaket	**jacket**	jewls	**jewels**
jale	**jail**	Jezuit	**Jesuit**
janator	**janitor**	jieb	**jibe**
janetic	**genetic**	jiger	**jigger**
Januwery		jilopy	**jalopy**
	January	jimy	**jimmy**
Jappenese		jinjer	**ginger**
	Japanese	jip	**gyp**
jardineer		jipsee	**gypsy**
	jardiniere	jiraf	**giraffe**
jargin	**jargon**	jirascope	
jawndis	**jaundice**		**gyroscope**
jaz	**jazz**	jiterbug	**jitterbug**
jazmin	**jasmine**	jober	**jobber**
jeanyal	**genial**	jodpurs	**jodhpurs**
Jefersonien		jokey	**jockey**
	Jeffersonian	jokker	**joker**
jelatin	**gelatine**	jokular	**jocular**
jellus	**jealous**	joly	**jolly**
jely	**jelly**	jondarm	
jentile	**gentile**		**gendarme**
jepordy	**jeopardy**		

Incorrect	Correct	Incorrect	Correct
Jonson (President) –	— Johnson	judgement	—judgment
joobilunt — jubilant		judishary — judiciary	
joodishal — judicial		juge ——— judge	
jools ——— jewels		jugler ——— juggler	
joonyer —— junior		jungel ——— jungle	
joorisdicshun ——	— jurisdiction	junkture — juncture	
joose ——— juice		jurie ——— jury	
josle ——— jostle		jurk ——— jerk	
joting ——— jotting		jurnal ——— journal	
joveal ——— jovial		justefy ——— justify	
joyus ——— joyous		justise ——— justice	
jubalee —— jubilee		juvinile — juvenile	

Look-Alikes or Sound-Alikes

jam (to squeeze; a sweet spread) · jamb (side of door)

jealous (envious) · zealous (enthusiastic)

jester (clown) · gesture (movement)

Jewry (Jews) · jury (court)

jibe (to agree; to swing from side to side) · gibe (to sneer at)

jinks (lively frolics) · jinx (bad luck)

Johnson (President) · Jonson (Ben)

joust (to join battle) · just (equitable)

juggler (one who juggles) · jugular (throat)

just (equitable) · joust (to join battle)

K

Incorrect	Correct	Incorrect	Correct
kadet	cadet	kernel	colonel
kaff	calf	kerst	cursed
kahki	khaki	kertin	curtain
kameleon	chameleon	kerupt	corrupt
kangeroo	kangaroo	kerve	curve
kanoo	canoe	ketch	catch
kaos	chaos	ketel	kettle
kapput	kaput	Khruschev	Khrushchev
karacter	character	kiak	kayak
karof	carafe	kibbitzer	kibbitzer
kash	cache	kichin	kitchen
kasm	chasm	kidnee	kidney
katar	catarrh	kik	kick
kateydid	katydid	kiler	killer
kaynine	canine	killowatt	kilowatt
kazm	chasm	kimona	kimono
keal	keel	kindel	kindle
kean	keen	kindergarden	kindergarten
kee	key	kindrid	kindred
Keltic	Celtic	kiness	kindness
ken	can	kingdum	kingdom
Kenedy	Kennedy	kiper	kipper
kenel	kennel	kiropedy	chiropody
keoty	coyote	kist	kissed
kep	kept		
kerasene	kerosene		

80

Incorrect	Correct	Incorrect	Correct
kitastrofy	— catastrophe	koming	coming
kitin	kitten	kommunist	— communist
kiyoty	coyote	koris	chorus
klak	claque	korz	corps
kleeg	klieg	kraft	craft
kleek	clique	Kremlen	Kremlin
klorine	chlorine	kriptic	cryptic
knifes	knives	kronic	chronic
knoted	knotted	Krushchev	— Khrushchev
knowlege	— knowledge	kugele	cudgel
kolic	colic	kwik	quick
kolyumnist	— columnist	kwire	choir
komfortable	— comfortable	kwire	quire

Look-Alikes or Sound-Alikes

kernel (seed) · colonel (officer)

key (with lock) · quay (dock)

kill (murder) · kiln (oven)

knave (fool) · nave (part of church)

knead (to press) · need (must have)

kneel (to rest on the knees) · Neal (man's name)

knew (did know) · gnu (animal) · new (not old)

knight (feudal rank) · night (opposite of day)

knit (form fabric) · nit (insect)

knock (to strike) · nock (notch of an arrow)

knot (what you tie) · not (no)

know (to understand) · no (opposite of yes)

knows (understands) · noes (negatives) · nose (on face)

kohl (eye shadow) · coal (fire) · koel (a cuckoo)

kola (a nut or tree) · cola (a drink)

kris (cheese; dagger) · crease (fold)

81

L

Incorrect	Correct	Incorrect	Correct
labedo	libido	lakwashus	loquacious
laber	labor		
labidinus	libidinous	lamanate	laminate
		lambast	lambaste
labirinth	labyrinth	lamentible	lamentable
lable	label	lanalin	lanolin
labratory	laboratory	langer	languor
laceing	lacing	langwidge	language
lach	latch		
laciny	larceny	langwish	languish
lacker	lacquer	lanlord	landlord
lacksitive	laxative	lanscape	landscape
ladel	ladle		
lader	ladder	lanse	lance
ladys	ladies	lantin	lantern
laffable	laughable	lanzheree	lingerie
laffter	laughter	lapell	lapel
lagard	laggard	larinx	larynx
lage	large	lasatude	lassitude
laging	lagging		
laik	lake	lase	lace
laim	lame	laserate	lacerate
laison	liaison	lasie	lassie
lait	late	lasivious	lascivious
lakey	lackey		
lakrimos	lachrymose	laso	lasso

82

Incorrect	Correct	Incorrect	Correct
latatude —	**latitude**	leging ——	**legging**
laticework ——		legitamate ——	
	— latticework		**— legitimate**
latly ——	**lately**	leif ——	**leaf**
lattent ——	**latent**	leige ——	**liege**
laughible ——		leisurly —	**leisurely**
	— laughable	lejable ——	**legible**
laveleer —	**lavaliere**	lejend ——	**legend**
lavinda —	**lavender**	lejerdeman ——	
lavitory —	**lavatory**		**— legerdemain**
Lawd ——	**Lord**	lejon ——	**legion**
lawdible ——		lekcher —	**lecture**
	— laudable	lemenade ——	
lawndry —	**laundry**		**— lemonade**
layed ——	**laid**	lended ——	**lent**
laywer ——	**lawyer**	lenth ——	**length**
lazyness —	**laziness**	lenz ——	**lens**
leafs ——	**leaves**	leperd —	**leopard**
leakige ——	**leakage**	lepersy —	**leprosy**
leanyent —	**lenient**	leprakon ——	
leasure —	**leisure**		**— leprechaun**
leathil ——	**lethal**	lept ——	**leaped**
leazon ——	**liaison**	lern ——	**learn**
lecksacon —	**lexicon**	lesen ——	**lessen**
leconic —	**laconic**	less ——	**let's**
ledgislature ——		leter ——	**letter**
	— legislature	lether ——	**leather**
leeder ——	**leader**	lethergy —	**lethargy**
leeg ——	**league**	letice ——	**lettuce**
leese ——	**lease**	letterd ——	**lettered**
legallize —	**legalize**	lettup ——	**letup**
leger ——	**ledger**	levatation ——	
legil ——	**legal**		**— levitation**

83

Incorrect	Correct	Incorrect	Correct
leve	leave	limba	limber
leven	eleven	limf	lymph
leven	leaven	limlite	limelight
levle	level	limmit	limit
levler	leveler	Lincon	Lincoln
lew	lieu	Lindon (Johnson)	Lyndon
lezbian	lesbian		
liberalizm	liberalism	lingwist	linguist
		linier	linear
liberry	library	linkige	linkage
libility	liability	linnen	linen
lible	libel	linnoleum	linoleum
libral	liberal		
libreto	libretto	linx	lynx
licence	license	liqued	liquid
licker	liquor	liquify	liquefy
lickrish	licorice	liric	lyric
lieing	lying	lisence	license
liem	lime	lisenshus	licentious
lier	liar		
lifboat	lifeboat	lisome	lissome
lifes	lives	lissen	listen
liftime	lifetime	lite	light
ligiment	ligament	litergical	liturgical
likeable	likable		
likker	liquor	litracy	literacy
likly	likely	litrature	literature
likness	likeness		
lillac	lilac	littany	litany
lilly	lily	littul	little
lim	limb	liven	enliven
limazine	limousine	livlihood	livelihood

Incorrect	Correct	Incorrect	Correct
livly	**lively**	loover	**louver**
livry	**livery**	Loovre	**Louvre**
lizzard	**lizard**	looze	**lose**
lobey	**lobby**	lor	**lore**
lobrow	**lowbrow**	Loraly	**Lorelei**
locallize	**localize**	lorel	**laurel**
locamotive		lornyet	**lorgnette**
	locomotive	los	**loss**
lockket	**locket**	loshun	**lotion**
lofer	**loafer**	lotery	**lottery**
logerithm		lothe	**loathe**
	logarithm	loveable	**lovable**
loggic	**logic**	loveing	**loving**
loial	**loyal**	lovly	**lovely**
loje	**lodge**	lowd	**loud**
lokist	**locust**	lownje	**lounge**
lokspur	**larkspur**	lowt	**lout**
lon	**lawn**	lubercate	**lubricate**
lonch	**launch**	ludacrus	
lonjevaty			**ludicrous**
	longevity	luet	**lute**
lonjitude		lugage	**luggage**
	longitude	luke	**luck**
lonliness		lukshurient	
	loneliness		**luxuriant**
lonly	**lonely**	lukwarm	
lonsome	**lonesome**		**lukewarm**
lood	**lewd**	lulaby	**lullaby**
loonatic	**lunatic**	luminecent	
loor	**lure**		**luminescent**
loosid	**lucid**	lunasy	**lunacy**
lootenant		lunchinet	
	lieutenant		**luncheonette**

Incorrect	Correct	Incorrect	Correct
lushous —	**luscious**	luxry —	**luxury**
lusterous —	**lustrous**	lyeing —	**lying**
luv —	**love**	lyon —	**lion**

Look-Alikes or Sound-Alikes

lain (did lie on) · **lane** (path)

lair (den) · **layer** (a thickness; fold)

lam (run away) · **lamb** (young sheep)

laser (a beam of coherent light) · **lazar** (a leper)

later (afterwards) · **latter** (the last one of two)

lath (strip of wood) · **lathe** (a machine tool)

laud (praise) · **lord** (a noble)

lay (to deposit) · **lei** (a wreath)

lazar (a leper) · **laser** (a beam of coherent light)

lead (metal; to guide) · **led** (did guide)

leaf (tree) · **lief** (gladly)

leak (crack) · **leek** (vegetable)

lean (thin) · **lien** (legal charge)

least (smallest) · **lest** (unless)

lessee (tenant) · **lesser** (smaller) · **lessor** (one who leases)

lessen (to decrease) · **lesson** (instruction)

levee (dike) · **levy** (fine, tax)

liable (obligated) · **libel** (slander)

liar (tells lies) · **lyre** (musical instrument)

licorice (a flavoring) · **lickeris** (eager, craving)

lie (falsehood) · **lye** (chemical)

lief (gladly) · **leaf** (tree)

lien (legal charge) · **lean** (thin)

lightening (making lighter, relieving) · **lightning** (flash in sky)

linage (number of lines) · **lineage** (ancestry)

lineament (one of the contour of the body) · **liniment** (a thin ointment)

links (joins) · **lynx** (animal)

liqueur (sweet liquor) · **liquor** (alcoholic drink)

lo! (exclamation) · **low** (down; base)

load (burden) · **lode** (mineral)

loan (lending) · **lone** (alone)

loath (reluctant) · **loathe** (despise)

local (not widespread) · **locale** (a locality)

loch (lake) · **lock** (fastening)

locks (fastenings) · **lox** (salmon)

locus (a place; locality) · **locust** (insect)

loose (not tight) · **lose** (fail to win)

86

loot (booty) · **lute** (musical instrument)

lord (noble) · **laud** (praise)

lumbar (part of body) · **lumber** (wood)

luxuriance (state of being luxurious) · **luxuriant** (exceedingly fertile) · **luxurious** (sumptuous)

lye (chemical) · **lie** (falsehood)

lynx (animal) · **links** (joins)

M

Incorrect	Correct	Incorrect	Correct
macarune		maibe	maybe
	— macaroon	maidnly	
maccadim			— maidenly
	— macadam	mainger	manger
maccaroni		mainia	mania
	— macaroni	maintainance	
machurashun			— maintenance
	— maturation	maionaize	
machure	mature		— mayonnaise
macintosh		maitriarc	
	— mackintosh		— matriarch
mackrel	mackerel	majer	major
madalion		majik	magic
	— medallion	majistrat	
maddame			— magistrate
	— madame	majoraty	
madmwazel			— majority
	— mademoiselle	Makavelian	
madres	madras		— Machiavellian
magizine		makeing	making
	— magazine	maladikshun	
magnatude			— malediction
	— magnitude	malase	malice
magnifasense		malfezence	
	— magnificence		— malfeasance
magnit	magnet	maliable	
magot	maggot		— malleable
magnut	magnet	maline	malign
mahiraja		malingger	
	— maharajah		— malinger

Incorrect	Correct	Incorrect	Correct
malishus	— malicious	manuscrip	— manuscript
mallady	— malady	manur	— manner
mallis	— malice	manuver	— maneuver
mamal	— mammal	mapul	— maple
mamalade	— marmalade	maraskino	— maraschino
mamuth	— mammoth	maratime	— maritime
manacure	— manicure	marawana	— marijuana
manafacture	— manufacture	marbel	— marble
manafesto	— manifesto	mareen	— marine
manafold	— manifold	marige	— marriage
managable	— manageable	marjerin	— margarine
manajer	— manager	marjin	— margin
manditory	— mandatory	markee	— marquis
maner	— manner	markez	— marquise
manicle	— manacle	markit	— market
manje	— mange	marod	— maraud
manjer	— manger	marow	— marrow
manogamist	— monogamist	marriagable	— marriageable
manotinus	— monotonous	marrie	— marry
manshun	— mansion	marryed	— married
mantlpeace	— mantelpiece	marteeni	— martini
		marter	— martyr
		marune	— maroon
		marvilus	— marvelous

Incorrect	Correct	Incorrect	Correct
masaje	massage	maxamum	maximum
masaker	massacre	maylanje	mélange
mascuelin	masculine	mazoleum	mausoleum
mashety	machete	meaness	meanness
mashinery	machinery	meanyal	menial
Masichusetts	Massachusetts	mecanic	mechanic
masinry	masonry	Medacare	Medicare
masive	massive	medamorfisis	metamorphosis
maskerade	masquerade	medecine	medicine
masta	master	medeocker	mediocre
mastacate	masticate	Mediteranean	Mediterranean
masur	masseur	medl	medal
mater	matter	medle	meddle
mater de	maître d'	medly	medley
maternaty	maternity	medow	meadow
mathamatics	mathematics	meedjum	medium
matinay	matinée	meeger	meager
matramony	matrimony	meeteor	meteor
matrinly	matronly	meglomania	megalomania
matris	mattress	mein	mien
matterial	material	mekanize	mechanize
mavrick	maverick		

Incorrect	Correct	Incorrect	Correct
melincoly		mercinery	
	— melancholy		— mercenary
mellodrama		merderer	
	— melodrama		— murderer
mellodious		merdger	— merger
	— melodious	meret	— merit
mellon	— melon	merly	— merely
melow	— mellow	mermer	
memberane			— murmur
	— membrane	merryly	— merrily
memmento		mersy	— mercy
	— memento	mesenger	
memmorial			— messenger
	— memorial	mesure	— measure
memrable		mesy	— messy
	— memorable	mesyur	— monsieur
memry	— memory	metafor	
memwar	— memoir		— metaphor
menajery		meterial	— material
	— menagerie	Methadist	
menise	— menace		— Methodist
menshun		metripolitan	
	— mention		— metropolitan
ment	— meant	mettalic	— metallic
menstrate		metul	— metal
	— menstruate	meucus	— mucous
mentle	— mental	mezaneen	
meny	— many		— mezzanine
menyu	— menu	mezels	— measles
merang		mezmerize	
	— meringue		— mesmerize
merchindize		micrascope	
	— merchandise		— microscope

Incorrect	Correct	Incorrect	Correct
miday	midday	miopia	myopia
middel	middle	miricle	miracle
midevil	medieval	miror	mirror
mikature	mixture	mirraje	mirage
milage	mileage	mirtle	myrtle
milatery	military	mischevous	
milenium			mischievous
	millennium	mischif	mischief
milinary		mise	mice
	millinery	miselaneous	
milionaire			miscellaneous
	millionaire	mishin	mission
millicha	militia	Misissippi	
minamum			Mississippi
	minimum	mislayed	mislaid
Minasota		mispell	misspell
	Minnesota	misquito	mosquito
minature		misrable	
	miniature		miserable
mingel	mingle	misry	misery
miniral	mineral	missconduct	
minis	minus		misconduct
miniscule		missel	missile
	minuscule	misselaneous	
ministor	minister		miscellaneous
minit	minute	missfortune	
minnimum			misfortune
	minimum	misshap	mishap
minoraty		missojiny	
	minority		misogyny
minse	mince	misstake	mistake
minusha		mistacizm	
	minutiae		mysticism

Incorrect	Correct	Incorrect	Correct
mistate	**misstate**	mollestation	**— molestation**
misterious	**— mysterious**	mombo	**mambo**
mistery	**mystery**	mommentus	**— momentous**
mistify	**mystify**	monark	**monarch**
mistris	**mistress**	mone	**moan**
mithical	**mythical**	monistery	**— monastery**
mittin	**mitten**	monitone	**— monotone**
mizer	**miser**	monopolly	**— monopoly**
mizerable	**— miserable**	monsterous	**— monstrous**
moap	**mope**	mony	**money**
mobillize	**— mobilize**	moraleity	**— morality**
mocassin	**— moccasin**	moray	**moiré**
modifyer	**modifier**	Moreman	**— Mormon**
modil	**model**	morfeen	**— morphine**
modist	**modest**	morg	**morgue**
modlin	**maudlin**	morgage	**— mortgage**
modren	**modern**	mornfull	**— mournful**
Mohamedin	**— Muhammadan**	moroco	**morocco**
mohoginy	**— mahogany**	morsal	**morsel**
mojulate	**— modulate**	mortafy	**mortify**
mokery	**mockery**	mortaly	**mortally**
molatto	**mulatto**		
molify	**mollify**		
mollecule	**— molecule**		

Incorrect	Correct	Incorrect	Correct
mortuery —	— mortuary	multaply —	— multiply
moshin —	motion	mundain —	— mundane
mosk —	mosque		
mosy —	mossy	munkey —	monkey
mote —	moat	munth —	month
moteef —	motif	murmer —	murmur
moter —	motor	musell —	muscle
motled —	mottled	musilije —	mucilage
moustache —	— mustache	mustid —	mustard
movment —	— movement	mutny —	mutiny
moyschur —	moisture	muzeem —	museum
mozaic —	mosaic	muzik —	music
mudy —	muddy	muzlin —	muslin
muleish —	mulish	myazma —	miasma
		mygrate —	migrate

Look-Alikes or Sound-Alikes

made (did make) · maid (servant)

magna (great) · magma (rock)

magnate (prominent person) · magnet (attract iron)

mail (letters) · male (man)

main (principal) · mane (hair of animal)

maize (corn) · maze (confusing paths)

manner (method) · manor (estate)

mantel (shelf at fireplace) · mantle (cloak)

marc (refuse remaining after pressing seeds, fruits) · mark (sign)

marital (in marriage) · marshal (official) · martial (warlike) · Marshall (the General or the Plan)

mark (sign) · marc (refuse remaining after pressing seeds fruits)

marriage (wedding) · mirage (illusion)

marry (wed) · merry (gay) · Mary (girl's name)

mascle (a steel plate) · muscle (an organ of the body) · mussel (shellfish)

mason (brick layer) · meson (in physics, a particle)

94

massed (assembled) · mast (on boat)

mast (on boat) · massed (assembled)

maybe (perhaps) · may be (may happen)

maze (confusing paths) · maize (corn)

mean (nasty) · mien (bearing)

meat (food) · meet (encounter)

medal (award) · meddle (interfere) · mettle (spirit) · metal (material)

merry (gay) · Mary (girl's name) · marry (wed)

meson (in physics, a particle) · mason (brick layer)

meteorology (study of atmosphere) · metrology (system of weights and measures)

mews (cat's sound; row of stables) · muse (think)

might (strength; may) · mite (small insect; small child)

mil (unit of measure) · mill (grinding machine; factory)

millenary (a thousand) · millinery (hats)

millinery (hats) · millenary (a thousand)

mince (to cut into small pieces) · mints (places where money is made; candies)

mind (brain) · mined (dug)

miner (one who mines) · minor (below legal age; unimportant)

mints (places where money is made) · mince (to cut into small pieces)

mirage (illusion) · marriage (wedding)

Miss (single woman) · Mrs. (married woman) · mss. (manuscripts)

missal (book for Mass) · missile (weapon)

missed (failed) · mist (haze)

moat (ditch) · mote (small particle)

mode (manner) · mowed (cut down)

moral (lesson) · morale (spirit)

morn (morning) · mourn (grieve)

morning (A.M.) · mourning (grieving)

mote (small particle) · moat (ditch)

motif (theme) · motive (reason)

mudder (a horse) · mother (a female parent)

muscle (of body) · mussel (shellfish) · mascle (a steel plate)

muse (think) · mews (cat's sound; row of stables)

Muslim (religion) · muslin (cloth)

mustard (spice) · mustered (summoned)

95

N

Incorrect	Correct	Incorrect	Correct
nabor	neighbor	nat	gnat
nachurally		natchur	nature
	naturally	Natzi	Nazi
nack	knack	nausha	nausea
nacotics	narcotics	navagible	
nafairius			navigable
	nefarious	navey	navy
naftha	naphtha	naw	gnaw
naged	nagged	naybor	neighbor
Nahru	Nehru	nazal	nasal
naivtay	naïveté	nebulus	nebulous
nale	nail	necesery	
namless	nameless		necessary
namonia		necesity	
	pneumonia		necessity
napsack	knapsack	neckromansy	
naration			necromancy
	narration	nectereen	
narative	narrative		nectarine
narl	gnarl	nee	knee
narow	narrow	needel	needle
narsistic		neet	neat
	narcissistic	neether	neither
nasent	nascent	nefew	nephew
nash	gnash	negitive	negative
nashunel	national	neglajence	
nastershum			negligence
	nasturtium	negleck	neglect
nastyness		neglegay	
	nastiness		negligee

96

Incorrect	Correct	Incorrect	Correct
negoshiate	— negotiate	nicknack	— knickknack
Negros — **Negroes**		Nickson — **Nixon**	
neice — **niece**		nicly — **nicely**	
nek — **neck**		nieve — **naïve**	
nekachif	— neckerchief	nife — **knife**	
nekkid — **naked**		nill — **nil**	
neks — **next**		nimbel — **nimble**	
nemonic	— mnemonic	nimf — **nymph**	
neppotizm	— nepotism	ninedy — **ninety**	
nere — **near**		nineth — **ninth**	
nerse — **nurse**		ninteen — **nineteen**	
nerviss — **nervous**		ninty — **ninety**	
nesecery	— necessary	nippal — **nipple**	
nesessity	—necessity	nite — **night**	
nesle — **nestle**		nob — **knob**	
neumatic	— pneumatic	nobles oblege	— noblesse oblige
neumonia	— pneumonia	noblman	— nobleman
newsance	— nuisance	nocean — **notion**	
Niagra — **Niagara**		noch — **notch**	
nializm — **nihilism**		nock — **knock**	
nible — **nibble**		nockternil	— nocturnal
nicateen — **nicotine**		noisesome — **noisome**	
nich — **niche**		nokshus — **noxious**	
nickle — **nickel**		noll — **knoll**	
		nome — **gnome**	
		nomminate	— nominate
		nonnentity	— nonentity

97

Incorrect	Correct	Incorrect	Correct
nonshalant —		nucleous —	**nucleus**
	— nonchalant	nudaty —	**nudity**
noo —	**new**	nuklear —	**nuclear**
nooclear —	**nuclear**	nulification —	
nooratic —	**neurotic**		**— nullification**
noosance —		num —	**numb**
	— nuisance	numbskull —	
noot —	**knout**		**— numskull**
nootral —	**neutral**	numrous —	
noovo reesh —			**— numerous**
	— nouveau riche	nunery —	**nunnery**
normel —	**normal**	nupshal —	**nuptial**
northernly —		nuralja —	**neuralgia**
	— northerly	nurish —	**nourish**
notery —	**notary**	nuritis —	**neuritis**
noth —	**north**	nuroligist —	
notible —	**notable**		**— neurologist**
noticable —		nurserys —	
	— noticeable		**— nurseries**
notise —	**notice**	nursmaid —	
nottorious —			**— nursemaid**
	— notorious	nusence —	**nuisance**
noval —	**novel**	nustaljic —	**nostalgic**
novis —	**novice**	nuthing —	**nothing**
no where —		nutralise —	
	— nowhere		**— neutralize**
nowlege —		nutrishon —	
	—·knowledge		**— nutrition**
noyz —	**noise**	nutting —	**nothing**
nozgay —	**nosegay**	nuty —	**nutty**
nu —	**new**	nyeev —	**naïve**
nuckle —	**knuckle**	nyether —	**neither**
		nyew —	**new**

Look-Alikes or Sound-Alikes

NASA (space agency) · Nasser (President of Egypt)

naval (navy) · navel (stomach)

nave (part of church) · knave (fool)

nay (no) · neigh (horse's sound)

Neal (man's name) · kneel (to rest on the knees)

need (lack) · knead (to press)

new (not old) · knew (did know) · gnu (animal)

night (opposite of day) · knight (feudal rank)

nit (insect) · knit (form fabric)

no (opposite of yes) · know (to understand)

noble (aristocratic) · Nobel (the prize)

nocturn (a midnight prayer) · nocturne (musical composition)

noes (negatives) · nose (on face) · knows (understands)

none (not one) · nun (religious)

not (no) · knot (what you tie)

O

Incorrect	Correct	Incorrect	Correct
obay	obey	obvius	obvious
obcelete	obsolete	obzervance	observance
obedeance	obedience	ocasion	occasion
obees	obese	occassionel	occasional
obichuary	obituary	occer	occur
obitrator	arbitrator	occulist	oculist
objeck	object	occupent	occupant
objecshunable	objectionable	occupyed	occupied
obleck	oblique	occurance	occurrence
oblidge	oblige	octapus	octopus
obligatto	obbligato	ocupancy	occupancy
obnocshus	obnoxious	ocurr	occur
obseekweus	obsequious	od	odd
obseen	obscene	Oddisy	Odyssey
obseshun	obsession	oder	odor
obsolecent	obsolescent	oderus	odorous
obstatrishin	obstetrician	ofen	often
obstickal	obstacle	ofer	offer
obstonite	obstinate	offence	offense
		offring	offering
		ofice	office
		oficial	official
		ofishus	officious
		ofthamology	ophthalmology

100

Incorrect	Correct	Incorrect	Correct
oger	ogre	ontray	entrée
ogil	ogle	onvelope	
oister	oyster		envelope
ole	old	Oo Thant	
olfaktry	olfactory		U Thant
Olimpic	Olympic	opaik	opaque
ollive	olive	openess	openness
omishin	omission	opin	open
omisible	omissible	opinyun	opinion
omlet	omelet	opis	opus
omminous		oponent	
	ominous		opponent
ommitt	omit	oportune	
omnishent			opportune
	omniscient	oportunity	
omniverus			opportunity
	omnivorous	opose	oppose
onarus	onerous	opperator	
oncore	encore		operator
onest	honest	oppeum	opium
on mass	en masse	opponant	
onor	honor		opponent
onorable		opra	opera
	honorable	oprate	operate
onorary	honorary	opresser	
onroot	en route		oppressor
onsomble		opreta	operetta
	ensemble	opry	opera
ontoroge		opshinul	optional
	entourage	optishin	optician
ontraprenor		optomism	
	entrepreneur		optimism
		oragin	origin

Incorrect	Correct	Incorrect	Correct
orbut	**orbit**	oscullatory	
orchester			**— osculatory**
	— orchestra	oshan	**ocean**
ordinence		osheanografi	
	— ordinance		**— oceanography**
ordinry	**ordinary**	osify	**ossify**
ore	**oar**	osillate	**oscillate**
orevoir	**au revoir**	osstensible	
orfan	**orphan**		**-- ostensible**
orful	**awful**	ostintashus	
organisation			**— ostentatious**
	— organization	othe	**oath**
orgazm	**orgasm**	our's	**ours**
orgin	**organ**	ourselfs	
oricul	**oracle**		**— ourselves**
orignal	**original**	outragous	
oringe	**orange**		**— outrageous**
orjy	**orgy**	outsidder	
orkid	**orchid**		**— outsider**
orniment		outter	**outer**
	— ornament	outwerd	**outward**
orrator	**orator**	ovature	**overture**
ors d'oeurves		overate	**overrate**
	— hors d'oeuvres	overeach	
orstritch	**ostrich**		**— overreach**
orthentik		overought	
	— authentic		**— overwrought**
ortherdox		overser	**overseer**
	— orthodox	overun	**overrun**
orthorety		overwelm	
	— authority		**— overwhelm**
orthorize		overy	**ovary**
	— authorize	ovurt	**overt**

Incorrect	Correct	Incorrect	Correct
ownce	ounce	oyl	oil
owst	oust	oyntment	
oxagen	oxygen		ointment
oxes	oxen		

Look-Alikes or Sound-Alikes

oar (boat) · o'er (over) · or (alternative) · ore (mineral) · awe (fear)

ode (poem) · owed (did owe)

of (belonging to) · off (away from)

older (refers to age only) · elder (refers to age and wisdom gained)

one (single) · won (did win)

opposite (other side) · apposite (suitable)

oral (verbal) · aural (hearing)

ordinance (law) · ordnance (military supply)

oscillate (vibrate) · osculate (kiss)

ought (should) · aught (zero)

our (belongs to us) · hour (time)

owed (did owe) · ode (poem)

P

Incorrect	Correct	Incorrect	Correct
pachezi	— **parcheesi**	pandcake	— **pancake**
packige	— **package**	panerama	— **panorama**
Packistan	— **Pakistan**	panicea	— **panacea**
padestrian	— **pedestrian**	panicy	— **panicky**
padjama	— **pajama**	panitela	— **panatella**
padray	— **padre**	pannel	— **panel**
pagent	— **pageant**	pantamine	— **pantomime**
pakage	— **package**	panyless	— **penniless**
pakt	— **pact**	panzy	— **pansy**
pallace	— **palace**	paper-mashe	— **papier-mâché**
pallacial	— **palatial**	papisy	— **papacy**
pallasade	— **palisade**	pappriker	— **paprika**
pallatable	— **palatable**	parafrase	— **paraphrase**
pallit	— **palate**	paralise	— **paralyze**
pallsey	— **palsy**	pardner	— **partner**
palpatate	— **palpitate**	parfay	— **parfait**
palpible	— **palpable**	paridice	— **paradise**
pam	— **palm**	parifernalia	— **paraphernalia**
pamistry	— **palmistry**	parisite	— **parasite**
pamphalet	— **pamphlet**	parkay	— **parquet**
pandamoneum	— **pandemonium**	parlement	— **parliament**

104

Incorrect	Correct	Incorrect	Correct
parler	**parlor**	parrymecium	
Parmizan cheese —			**— paramecium**
	— Parmesan	parry-mutual	
parodocks			**— pari-mutuel**
	— paradox	parsel	**parcel**
parot	**parrot**	parshel	**partial**
parraboler		partasiple	
	— parabola		**— participle**
parrade	**parade**	partative	
parrafin	**paraffin**		**— partitive**
parragraf		partickle	**particle**
	— paragraph	partickuler	
parralel	**parallel**		**— particular**
parralisis		partishun	
	— paralysis		**— partition**
parramount		partisipate	
	— paramount		**— participate**
parratrooper		partizan	**partisan**
	— paratrooper	partys	**parties**
parrenthasis		parynoia	
	— parenthesis		**— paranoia**
parrible	**parable**	parypledgic	
parridy	**parody**		**— paraplegic**
parrikeet		pasay	**passé**
	— parakeet	pashent	**patient**
parrish	**parish**	pashion	**passion**
parrishute		pasible	**passable**
	— parachute	pasidge	**passage**
parrity	**parity**	Pasific	**Pacific**
parrocheal		pasify	**pacify**
	— parochial	pasive	**passive**
parrole	**parole**	paso	**peso**
parrson	**parson**		

Incorrect	Correct	Incorrect	Correct
pasport	**passport**	paveing	**paving**
passifist	**pacifist**	pavilon	**pavilion**
passta	**pasta**	pavment	
passtell	**pastel**		**— pavement**
passtime		pawlbarer	
	— pastime		**— pallbearer**
passtrami		payed	**paid**
	— pastrami	paysley	**paisley**
pastachio		payso	**peso**
	— pistachio	paythos	**pathos**
pasteing	**pasting**	pean	**paean**
paster	**pastor**	peavish	**peevish**
pastrey	**pastry**	pecunerary	
pasturize			**— pecuniary**
	— pasteurize	pedagree	
patata	**potato**		**— pedigree**
patern	**pattern**	pedistal	**pedestal**
paticular		peeanist	**pianist**
	— particular	peech	**peach**
patition	**petition**	peedyatrics	
patritism			**— pediatrics**
	— patriotism	peenil	**penal**
patriyot	**patriot**	peenut	**peanut**
patroleum		peepul	**people**
	— petroleum	peeza	**pizza**
pattedifoigra		pegoda	**pagoda**
— pâté de foie gras		peice	**piece**
pattent	**patent**	peirce	**pierce**
patternal		pekan	**pecan**
	— paternal	pelet	**pellet**
pattio	**patio**	pellmell	**pall-mall**
patren	**patron**	pemanship	
pattrol	**patrol**		**— penmanship**

Incorrect	Correct	Incorrect	Correct
penant	**pennant**	peculiar	
penatenshary			**— peculiar**
	— penitentiary	percushion	
penatint	**penitent**		**— percussion**
penatrate		perdict	**predict**
	— penetrate	perdikament	
penelty	**penalty**		**— predicament**
penife	**penknife**	perdominant	
penndyalum			**— predominant**
	— pendulum	perel	**peril**
pennicilan		perfer	**prefer**
	— penicillin	perferate	
penninsuler			**— perforate**
	— peninsula	perfessor	
penntegon			**— professor**
	— pentagon	perfict	**perfect**
penoir	**peignoir**	perge	**purge**
pensil	**pencil**	perliminary	
Pensylvania			**— preliminary**
	— Pennsylvania	permenant	
Pentacostal			**— permanent**
	— Pentecostal	permiate	
peraps	**perhaps**		**— permeate**
percalator		permisable	
	— percolator		**— permissible**
percarious		permitt	**permit**
	— precarious	permonition	
percaution			**— premonition**
	— precaution	perpare	**prepare**
percept	**precept**	perpatrate	
percieve	**perceive**		**— perpetrate**
percise	**precise**	perpettual	
perclude	**preclude**		**— perpetual**

Incorrect	Correct	Incorrect	Correct
perpindicular		perser	**purser**
	perpendicular	perserve	**preserve**
perple	**purple**	persikute	
perponderant			**persecute**
	preponderant	persin	**person**
perport	**purport**	persistance	
perposterous			**persistence**
	preposterous	personnal	
perpulsion			**personal**
	propulsion	perspacacous	
perranum			**perspicacious**
	per annum	persue	**pursue**
perrascope		persuit	**pursuit**
	periscope	persumption	
perrenial			**presumption**
	perennial	perswade	
perrifery			**persuade**
	periphery	pertanint	
perrimter			**pertinent**
	perimeter	pertato	**potato**
perriod	**period**	pertend	**pretend**
perrish	**perish**	perticulars	
perroxide	**peroxide**		**particulars**
persavere		pertition	**petition**
	persevere	pervail	**prevail**
perscribe		pervention	
	prescribe		**prevention**
perscription		pervide	**provide**
	prescription	pesimist	**pessimist**
perse	**purse**	pestaside	
persent	**percent**		**pesticide**
persepectus		petteet	**petite**
	prospectus	pettle	**petal**

Incorrect	Correct	Incorrect	Correct
pettrify ——	**petrify**	phisyotherapy ——	
pettulant ——			**— physiotherapy**
	— petulant	phonettic	
pettycoat ——			**— phonetic**
	— petticoat	phonnics —	**phonics**
peverse —	**perverse**	phosferous ——	
pezint ——	**peasant**		**— phosphorus**
Pharow —	**Pharaoh**	phosforresence ——	
phasician ——			**— phosphorescence**
	— physician	photagraph ——	
phaze ——	**phase**		**— photograph**
Pheenix —	**Phoenix**	phylanthropy ——	
pheenobarbatal —			**— philanthropy**
	— phenobarbital	physiclly ——	
Philipino ——			**— physically**
	— Filipino	piana ——	**piano**
Philis ——	**Phyllis**	piaza ——	**piazza**
phillately ——		picadilo ——	
	— philately		**— peccadillo**
Phillidelphia ——		piccyune ——	
	— Philadelphia		**— picayune**
Phillipines ——		pich ——	**pitch**
	— Philippines	pickel ——	**pickle**
phinomenon ——		picknic ——	**picnic**
	— phenomenon	picollo —	**piccolo**
phisics ——	**physics**	pidgeon —	**pigeon**
phisionomy ——		pietty ——	**piety**
	— physiognomy	piggment ——	
phisique ——			**— pigment**
	— physique	pika ——	**pica**
phisyology ——		piket ——	**picket**
	— physiology	pilage ——	**pillage**
		pilbox ——	**pillbox**

Incorrect	Correct	Incorrect	Correct
pileing	piling	pittuitary	
pilet	pilot		pituitary
pilgrum	pilgrim	pitty	pity
piller	pillar	pityful	pitiful
pillery	pilory	pivit	pivot
pillfer	pilfer	placcate	placate
pillgrim	pilgrim	plackard	placard
pimmento	pimento	placment	
pimpel	pimple		placement
pinacle	pinnacle	plad	plaid
pinapple		plage	plague
	pineapple	plajiarism	
pinnochle			plagiarism
	pinochle	plannet	planet
pinnup	pinup	plannetarium	
pinsers	pincers		planetarium
pinurious		plasa	plaza
	penurious	plasebo	placebo
pionner	pioneer	plassid	placid
pipeing	piping	plasstic	plastic
piramid	pyramid	platow	plateau
pire	pyre	plater	platter
pirex	Pyrex	plattform	
piromaniac			platform
	pyromaniac	plattinum	
pirotechnics			platinum
	pyrotechnics	plattitude	
pistin	piston		platitude
pitchur	picture	plattonic	
pitence	pittance		platonic
pittfall	pitfall	plattoon	platoon
Pittsburg		plausable	
	Pittsburgh		plausible

Incorrect	Correct	Incorrect	Correct
plazma ——	**plasma**	poit ——	**poet**
plebbacite ———		poize ——	**poise**
	— **plebiscite**	poka ——	**polka**
plee ——	**plea**	polen ——	**pollen**
pleed ——	**plead**	poler ——	**polar**
pleet ——	**pleat**	polerise —	**polarize**
pleeze ——	**please**	poletry —	**poultry**
plege ——	**pledge**	polisy ——	**policy**
plenery —	**plenary**	Pollaris —	**Polaris**
plentyful ———		Pollaroid ———	
	— **plentiful**		— **Polaroid**
plesant —	**pleasant**	pollemic —	**polemic**
plesure —	**pleasure**	pollice ——	**police**
plethorra ———		polligamy ———	
	— **plethora**		— **polygamy**
plite ——	**plight**	pollio ——	**polio**
pluerisy —	**pleurisy**	pollish ——	**polish**
plumer —	**plumber**	pollite ——	**polite**
plurel ——	**plural**	pollitics —	**politics**
pluss ——	**plus**	pollyethelene ———	
pluttonium ———			— **polyethylene**
	— **plutonium**	pellygon —	**polygon**
plyable ——	**pliable**	polute ——	**pollute**
plyers ——	**pliers**	pome ——	**poem**
pocession ———		pommade ———	
	— **possession**		— **pomade**
pockabook ———		pompidor ———	
	— **pocketbook**		— **pompadour**
pockit ——	**pocket**	pompus ———	
poggrom —	**pogrom**		— **pompous**
poinyant ———		Pontif ——	**Pontiff**
	— **poignant**	pooding —	**pudding**
poisin ——	**poison**	poppular —	**popular**

111

Incorrect	**Correct**	Incorrect	**Correct**
porcelin ———		povety — **poverty**	
	— **porcelain**	powt ——— **pout**	
poridge — **porridge**		poynsetta ———	
pornagraphy ———			— **poinsettia**
	— **pornography**	praier ——— **prayer**	
porposal ———		prairy ——— `**prairie**	
	— **proposal**	praize ——— **praise**	
portfollio ———		praktical — **practical**	
	— **portfolio**	praktise — **practice**	
portible — **portable**		preceed — **precede**	
portrit ——— **portrait**		preceive — **perceive**	
posative — **positive**		precink — **precinct**	
posess ——— **possess**		precoshious ———	
posession ———			— **precocious**
	— **possession**	precure — **procure**	
posible — **possible**		predacate ———	
pospone ———			— **predicate**
	— **postpone**	preddesessor ———	
possable — **possible**			— **predecessor**
possition — **position**		predick — **predict**	
possy ——— **posse**		predictible ———	
postel ——— **postal**			— **predictable**
postige — **postage**		predjudice ———	
postyure — **posture**			— **prejudice**
potenshal ———		preeamble ———	
	— **potential**		— **preamble**
potery — **pottery**		preech — **preach**	
pottasium ———		preefabrikate ———	
	— **potassium**		— **prefabricate**
poturri ———		preffer ——— **prefer**	
	— **potpourri**	prefice — **preface**	
pouder — **powder**		prefrence ———	
pounse — **pounce**			— **preference**

112

Incorrect	Correct	Incorrect	Correct
pregenitor —	**progenitor**	presadent —	**president**
pregnent —	**pregnant**	Presbaterian —	**Presbyterian**
preist —	**priest**	presedent —	**precedent**
prelliminary —	**preliminary**	preseed —	**precede**
prelood —	**prelude**	presept —	**precept**
preminent —	**preeminent**	preshure —	**pressure**
premire —	**premier**	preshus —	**precious**
premiss —	**premise**	presice —	**precise**
premiture —	**premature**	presipatate —	**precipitate**
premival —	**primeval**	prespiration —	**perspiration**
premmonition —	**premonition**	prespire —	**perspire**
premyum —	**premium**	pressident —	**president**
preocupation —	**preoccupation**	presstige —	**prestige**
preperation —	**preparation**	prestege —	**prestige**
prepetual —	**perpetual**	prety —	**pretty**
preposal —	**proposal**	prevade —	**pervade**
preppare —	**prepare**	prevale —	**prevail**
prepposition —	**preposition**	prevelant —	**prevalent**
preprietor —	**proprietor**	previus —	**previous**
		prevlent —	**prevalent**
		prevue —	**preview**
		preycis —	**precis**
		prezent —	**present**
		prezide —	**preside**
		prezident —	**president**

113

Incorrect	Correct	Incorrect	Correct
prezume		proddigious	
	— presume		— prodigious
prickley	— prickly	proddigy	— prodigy
pricless	— priceless	produck	— product
prie	pry	produse	— produce
primative		profecy	
	— primitive		— prophecy
primery	— primary	profer	— proffer
prinsess	— princess	profeshun	
priorty	— priority		— profession
pritify	— prettify	proffesor	
prity	pretty		— professor
privaricate		proffess	— profess
	— prevaricate	profficient	
priviledge			— proficient
	— privilege	proffile	— profile
privisy	— privacy	proffit	— profit
privite	— private	proflagate	
prizm	prism		— profligate
prizon	prison	profuce	— profuse
probible		profunctory	
	— probable		— perfunctory
problim	— problem	proggnosis	
proccreate			— prognosis
	— procreate	proggres	— progress
procede	— proceed	programm	
proceedure			— program
	— procedure	prohibbit	— prohibit
procent	— percent	projeck	— project
proclame		projeny	— progeny
	— proclaim	prokrastinate	
procter	— proctor		— procrastinate

Incorrect	Correct	Incorrect	Correct
prollific	**prolific**	propposition	**proposition**
prologgue	**prologue**	propprietor	**proprietor**
prominade	**promenade**	proppultion	**propulsion**
promisary	**promissory**	proprity	**propriety**
prommenade	**promenade**	prosedure	**procedure**
prommice	**promise**	prosess	**process**
prommiscuous	**promiscuous**	prossecute	**prosecute**
prommote	**promote**	prossession	**procession**
promt	**prompt**	prosspect	**prospect**
pronounciation	**pronunciation**	prosstate	**prostate**
prood	**prude**	prosstatute	**prostitute**
proove	**prove**	protatype	**prototype**
properganda	**propaganda**	proteck	**protect**
proppagate	**propagate**	protene	**protein**
proppel	**propel**	protude	**protrude**
propper	**proper**	prottaganist	**protagonist**
propperty	**property**	prottaplasm	**protoplasm**
propponent	**proponent**	prottegay	**protégé**
propportion	**proportion**	prottest	**protest**
proppose	**propose**	Prottestent	**Protestant**

Incorrect	Correct	Incorrect	Correct
prottocoll		punative — **punitive**	
	— **protocol**	punctull — **punctual**	
protton — **proton**		pungture	
provadents			— **puncture**
	— **providence**	punjint — **pungent**	
provoak — **provoke**		punktuate	
prowd — **proud**			— **punctuate**
proxximmity		punnish — **punish**	
	— **proximity**	pupet — **puppet**	
proxxy — **proxy**		pupull — **pupil**	
prozaic — **prosaic**		purchise	
psam — **psalm**			— **purchase**
psycology		purgery — **perjury**	
	— **psychology**	purile — **puerile**	
psyconalasis		purjery — **perjury**	
	— **psychoanalysis**	purpise — **purpose**	
publick — **public**		pursavere	
puding — **pudding**			— **persevere**
pudjy — **pudgy**		pursuade	
pue — **pew**			— **persuade**
pujjy — **pudgy**		purterb — **perturb**	
pulit — **pullet**		Purto Rico	
pulkritude			— **Puerto Rico**
	— **pulchritude**	pussilanamous	
pullminary			— **pusillanimous**
	— **pulmonary**	putred — **putrid**	
pullpit — **pulpit**		putrify — **putrefy**	
pullverise		puzzel — **puzzle**	
	— **pulverize**	pweblo — **pueblo**	
pumkin		pyaneer — **pioneer**	
	— **pumpkin**	Pyric victory	
pumpanickle			— **Pyrrhic victory**
	— **pumpernickel**	pyus — **pious**	

Look-Alikes or Sound-Alikes

packed (bundled) · **pact** (agreement)

paean (hymn of joy) · **peon** (peasant)

pail (bucket) · **pale** (enclosure; lacking color)

pain (ache) · **pane** (window)

pair (two) · **pare** (shave) · **pear** (fruit)

palate (taste) · **palette** (artist's board) · **pallet** (platform)

pall (covering; gloomy effect) · **Paul** (name)

paltry (few) · **poultry** (fowl)

parish (diocese) · **perish** (die)

parlay (bet) · **parley** (talk)

parley (talk) · **parlay** (bet)

parole (prison) · **payroll** (pay)

partition (divider) · **petition** (plea)

passed (did pass) · **past** (former time)

passible (capable of feeling) · **passable** (capable of being passed)

pastoral (rural) · **pastorale** (music)

pastorale (music) · **pastoral** (rural)

pathos (tender) · **bathos** (anticlimax)

patience (forebearance) · **patients** (under doctor's care)

pause (delay) · **paws** (touch clumsily; feet) · **pores** (openings)

paw (foot) · **pore** (opening) · **pour** (make flow)

payroll (pay) · **parole** (prison)

peace (no war) · **piece** (portion)

peak (top) · **pique** (anger)

peaked (thin) · **peeked** (looked) · **piqued** (aroused)

peal (bell) · **peel** (strip)

pearl (gem) · **purl** (knitting)

pedal (foot lever) · **peddle** (sell)

peeked (looked) · **peaked** (thin) · **piqued** (aroused)

peer (look; equal) · **pier** (dock)

penance (religious) · **pennants** (sports)

pendant (ornament) · **pendent** (suspended)

pendent (suspended) · **pendant** (ornament)

pennants (sports) · **penance** (religious)

peon (peasant) · **paean** (hymn of joy)

perfect (exact) · **prefect** (high official)

perish (die) · **parish** (diocese)

persecute (to hound) · **prosecute** (enforce law)

personal (private) · **personnel** (employees)

perspective (vision) · **prospective** (future)

perverse (contrary) · **preserve** (save)

petition (plea) · **partition** (divider)

phantasy (same as *fantasy*, more archaic) · **fantasy** (a far-fetched imaginary idea)

phase (stage) · **faze** (worry) · **fays** (fairies)

phrase (words) · **frays** (battles)

phrenetic (insane) · **frenetic** (frantic)

physic (a remedy) · **physique** (body)

physical (body) · **fiscal** (money)

pica (printing measure) · **piker** (cheapskate)

picaresque (rascal) ·
picturesque (colorful)

picture (image) · pitcher
(vessel; baseball)

picturesque (colorful) ·
picaresque (rascal)

pidgin (the jargon used as a
language between foreigners
and the Chinese) · pigeon (a
bird) · piggin (a small wooden
pail)

piggin (a small wooden pail) ·
pigeon (a bird) · pidgin (the
jargon used as a language
between foreigners and the
Chinese)

piker (cheapskate) · pica
(printing measure)

pillar (column) · pillow (for
head)

pinnacle (peak) · pinochle
(game of cards)

pinochle (game of cards) ·
pinnacle (peak)

pious (religious) · Pius (name
of a Pope)

piqued (aroused) · peaked
(thin) · peeked (looked)

pistil (flower) · pistol (gun)

Pius (name of Pope) · pious
(religious)

plain (simple) · plane (smooth;
airplane)

plaintiff (one who sues) ·
plaintive (sad)

plait (braid) · plate (dish)

pleas (legal appeals) · please
(polite request)

plum (fruit) · plumb (line)

poker (cards) · polka (dance)

pole (tall wood) · poll (vote)

pore (opening; study) · pour
(with liquid)

poplar (tree) · popular (well-
known)

populace (the masses) ·
populous (thickly inhabited)

porpoise (mammal) · purpos[e]
(aim)

portend (foretell) · pretend
(make believe)

portion (share) · potion (dose[)]

poultry (fowl) · paltry (few)

practice (the business of a
doctor) · practise (to repeat a
performance)

pray (say prayers) · prey
(victim)

precede (go before) · procee[d]
(advance)

precedence (priority of rank[)]
precedents (previous laws) ·
presidents (heads of state)

precedent (going before) ·
president (chief official)

precise (accurate) · precis
(resume)

precisian (a precise person) ·
precision (accuracy)

precision (accuracy) ·
precisian (a precise person)

prefect (high official) · perfe[ct]
(exact)

prefer (choose) · proffer
(offer)

preposition (grammar) ·
proposition (offer)

prescribe (give directions) ·
proscribe (to outlaw)

prescription (something
ordered) · proscription (an
imposed restriction)

presence (being present) ·
presents (plr. of verb: to
present; gifts)

presentiment (premonition) ·
presentment (presentation)

presents (plr. of verb: to
present; gifts) · presence
(being present)

118

preserve (save) · **perverse** (contrary)

president (chief official) · **precedent** (going before)

pretend (make-believe) · **portend** (foretell)

pries (opens) · **prize** (award)

prints (marks made by pressure) · **prince** (a title of nobility)

prodigy (young genius) · **protégé** (under care)

profit (gain) · **prophet** (one who predicts)

proscription (an imposed restriction) · **prescription** (something ordered)

prospective (future) · **perspective** (vision)

pubic (region of body) · **public** (people)

puny (slight) · **puisne** (a junior)

pupil (student) · **pupal** (development stage of larva)

purpose (aim) · **porpoise** (mammal)

put (place) · **putt** (golf)

Q

Incorrect	Correct	Incorrect	Correct
quafeur	**coiffure**	questionaire	
qualefy	**qualify**		**questionnaire**
quallity	**quality**	quier	**choir**
quanity	**quantity**	quik	**quick**
quarel	**quarrel**	quivver	**quiver**
quarentine		quizes	**quizzes**
	quarantine	quizical	**quizzical**
quater	**quarter**		

Look-Alikes or Sound-Alikes

quarts (32 ounces) · **quartz** (a mineral)

quay (dock) · **key** (with lock)

quean (female cat; an immoral person) · **queen** (female sovereign)

queerest (strangest) · **querist** (questioner)

queue (line) · **cue** (hint; billiards)

quiet (still) · **quite** (completely, very)

quire (24 sheets) · **choir** (singers)

quote (saying) · **quota** (number)

R

Incorrect	Correct	Incorrect	Correct
rabees	**rabies**	rakoko	**rococo**
rable	**rabble**	rakontour	
rachit	**ratchet**		**raconteur**
racizm	**racism**	rakoon	**raccoon**
raddish	**radish**	ralie	**rally**
rade	**raid**	rambil	**ramble**
radicle	**radical**	rameedial	
radiel	**radial**		**remedial**
radient	**radiant**	rammafication	
radiod	**radioed**		**ramification**
radyis	**radius**	rammpage	
rafel	**raffle**		**rampage**
raff	**raft**	rampint	**rampant**
rafia	**raffia**	randim	**random**
raform	**reform**	rangle	**wrangle**
ragid	**ragged**	ranje	**range**
raglin	**raglan**	rankel	**rankle**
ragoo	**ragout**	rarety	**rarity**
rahtha	**rather**	ransid	**rancid**
railling	**railing**	ransome	**ransom**
raindeer	**reindeer**	rapayshus	
rainny	**rainy**		**rapacious**
raion	**rayon**	rapel	**repel**
raitable	**ratable**	rarly	**rarely**
raivin	**raven**	rashio	**ratio**
rajed	**raged**	rashnalize	
rakateer			**rationalize**
	racketeer	rashul	**racial**
raket	**racket**	rashun	**ration**
rakkish	**rakish**	rasser	**razor**

Incorrect	Correct	Incorrect	Correct
rasy	racy	recapichulate	recapitulate
ratal	rattle	recclamation	reclamation
rath	wrath		
rattlsnake	rattlesnake	reccomend	recommend
raveel	reveal		
ravije	ravage	recconoyter	reconnoiter
ravvil	ravel		
rawkus	raucous	reccord	record
rawr	raw	reccreation	recreation
raydium	radium		
rayment	raiment	reccumpense	recompense
rayz	raze		
rayzin	raisin	reccurrance	recurrence
razidjual	residual		
razzberry	raspberry	receed	recede
		receit	receipt
reakshun	reaction	recievable	receivable
reakter	reactor		
realaty	reality	recepy	recipe
realese	release	reces	recess
realise	realize	receshun	recession
realy	really		
reapper	reaper	recieve	receive
reaserch	research	reck	wreck
reath	wreath	recloose	recluse
reazon	reason	reconisonce	reconnaissance
rebell	rebel		
rebelyon	rebellion	reconize	recognize
rebiuk	rebuke		
rebutil	rebuttal	recooperate	recuperate
recalsatrate	recalcitrate	recovry	recovery

122

Incorrect	Correct	Incorrect	Correct
recquire	require	refrane	refrain
recrimnatory		refridgerator	
	recriminatory		refrigerator
recrute	recruit	refuzal	refusal
rectafy	rectify	regail	regale
rectul	rectal	reggard	regard
redemshun		regilate	regulate
	redemption	reglar	regular
reden	redden	regreshun	
rediculous			regression
	ridiculous	regretible	
redily	readily		regrettable
reduceable		regul	regal
	reducible	regurjatate	
redundent			regurgitate
	redundant	rehabbilitate	
reduse	reduce		rehabilitate
redy	ready	rehearsel	
reech	reach		rehearsal
reeder	reader	reherse	rehearse
reelizm	realism	rejament	regiment
reep	reap	rajecm	regime
referbish		rejensy	regency
	refurbish	rejeuvanate	
reffermation			rejuvenate
	reformation	rejon	region
reffugee	refugee	rejoyse	rejoice
refinment		rekin	reckon
	refinement	reklis	reckless
refleks	reflex	rekoop	recoup
reflekshun		rekord	record
	reflection	rektangul	
refrance	reference		rectangle

Incorrect	Correct	Incorrect	Correct
rekwital	**requital**	remnint	**remnant**
rekwizit	**requisite**	remoat	**remote**
relaition	**relation**	remonsterate	
relaks	**relax**		**remonstrate**
relavent	**relevant**	remoonerate	
releif	**relief**		**remunerate**
releive	**relieve**	remorsful	
relie	**rely**		**remorseful**
relient	**reliant**	removeable	
relinkwish			**removable**
	relinquish	removil	**removal**
relitive	**relative**	renagaid	**renegade**
rellegate	**relegate**	renaysense	
rellish	**relish**		**renascence**
relm	**realm**	rendevous	
relucktinse			**rendezvous**
	reluctance	reneg	**renege**
relyd	**relied**	renevate	**renovate**
relyible	**reliable**	renforce	
remane	**remain**		**reenforce**
reme	**ream**	renjin	**Roentgen**
remidy	**remedy**	rennasonse	
reminiss			**renaissance**
	reminisce	rentry	**reentry**
remishun		renu	**renew**
	remission	reorgenise	
remitant			**reorganize**
	remittent	reostat	**rheostat**
remitence		repare	**repair**
	remittance	repatishun	
remmember			**repetition**
	remember	repatory	
remmit	**remit**		**repertory**

124

Incorrect	Correct	Incorrect	Correct
repeel	repeal	repreive	reprieve
repelant		represed	
	repellent		repressed
reperbate		reprizal	reprisal
	reprobate	reprize	reprise
reperduce		reptil	reptile
	reproduce	rerite	rewrite
reperhensable		resadense	
	reprehensible		residence
repersent		resaleable	
	represent		resalable
repetative		resalution	
	repetitive		resolution
repete	repeat	reseption	
repeun	repugn		reception
replacment		resevation	
	replacement		reservation
replaka	replica	resevwar	
repleet	replete		reservoir
replie	reply	resind	rescind
repozatory		resint	recent
	repository	resipracal	
reppakushin			reciprocal
	repercussion	resiprosity	
reppatee	repartee		reciprocity
repport	report	resistence	
reppublican			resistance
	republican	resitashun	
repputible			recitation
	reputable	resle	wrestle
reprable	reparable	resorse	resource
repramand		resparator	
	reprimand		respirator

125

Incorrect	Correct	Incorrect	Correct
respectible		retuch	retouch
	respectable	revelle	reveille
respit	respite	revelution	
responsable			revolution
	responsible	revenew	revenue
resterant		revenje	revenge
	restaurant	revijun	revision
resteration		revilation	
	restoration		revelation
resumtion		revivle	revival
	resumption	revize	revise
resusitate		revokashun	
	resuscitate		revocation
resytul	recital	revrent	reverent
retale	retail	revult	revolt
retalliate	retaliate	revursible	
retane	retain		reversible
retch	wretch	revurt	revert
retier	retire	revvarie	reverie
retirment		reyn	rain
	retirement	rezanense	
retisent	reticent		resonance
retna	retina	rezemblence	
retorick	rhetoric		resemblance
retreive	retrieve	rezent	resent
retrosay	retroussé	rezerve	reserve
retrospeck		rezidew	residue
	retrospect	rezign	resign
rettribushun		rezilyens	
	retribution		resilience
rettrogreshun		rezin	resin
	retrogression	rezistable	
			resistible

Incorrect	Correct	Incorrect	Correct
rezistance		rime	rhyme
	resistance	rince	rinse
reznable		rinestone	
	reasonable		rhinestone
rezolve	resolve	ringger	ringer
rezort	resort	rinkle	wrinkle
rezult	result	rinocerus	
rezume	resume		rhinoceros
rezurecshun		rinseing	rinsing
	resurrection	ripal	ripple
rhime	rhyme	rippen	ripen
rhythum	rhythm	ripublic	republic
ribben	ribbon	riquire	require
ribbuld	ribald	riseing	rising
ribin	ribbon	riskay	risqué
richous	righteous	rist	wrist
richual	ritual	rithe	writhe
ridence	riddance	rithem	rhythm
ridgid	rigid	ritten	written
ridul	riddle	riut	riot
rie	rye	rivel	rival
rifel	rifle	rivit	rivet
rigermarole		rize	rise
	rigmarole	robbin	robin
rigerus	rigorous	robery	robbery
rigur	rigor	Rockerfellow	
riht	right		Rockefeller
rije	ridge	Rode Island	
Rik	Reich		Rhode Island
rikity	rickety	rododendrum	
rikshaw	rickshaw		rhododendron
rilation	relation	roebot	robot
rilegious	religious	roge	rogue

Incorrect	Correct	Incorrect	Correct
rogish	roguish	ruder	rudder
roial	royal	ruf	rough
rok	rock	ruge	rouge
rokkit	rocket	ruller	ruler
rom	roam	rumatism	
romanse	romance		rheumatism
rong	wrong	rumba	rhumba
rooay	roué	rumbil	rumble
rood	rude	rumer	rumor
roolet	roulette	rumije	rummage
roon	ruin	rumy	rummy
rooves	roofs	runer	runner
roring	roaring	runing	running
rosery	rosary	rupcher	rupture
Rosevelt		rurel	rural
	Roosevelt	ruset	russet
rosey	rosy	Rusha	Russia
rost	roast	rusil	rustle
rotery	rotary	rustik	rustic
rotha	rather	rutine	routine
rotin	rotten	Ruzevelt	
roveing	roving		Roosevelt
royaly	royally	ryitus	riotous
roze	rose	ryme	rhyme
rozin	rosin	rype	ripe
rubarb	rhubarb	rythm	rhythm
ruber	rubber		

Look-Alikes or Sound-Alikes

rabbit (animal) · **rarebit** (food) · **rabid** (intense)

rain (water) · **reign** (rule) · **rein** (on horse)

raise (lift) · **raze** (demolish) · **rays** (light beams)

rap (knock) · **wrap** (fold)

rapped (knocked) · **rapt** (absorbed) · **wrapped** (packed)

read (book) · **reed** (grass) · **red** (color)

real (actual) · **reel** (wind in; stagger)

realize (understand) · **relies** (counts on)

rebate (deduction) · **rebait** (rehook)

rebound (to spring back) · **redound** (to accrue)

redound (to accrue) · **rebound** (to spring back)

reek (vapor) · **wreak** (inflict) · **wreck** (destroy)

referee (arbitrator) · **reverie** (dream)

relater (joiner) · **relator** (narrator)

relic (souvenir of the past) · **relict** (a widow)

respectfully (with esteem) · **respectively** (in the order given)

rest (repose) · **wrest** (pull away)

reveille (signal to awake) · **revelry** (gaiety)

reverend (minister) · **reverent** (respectful)

reverie (dream) · **referee** (arbitrator)

rhyme (poetry) · **rhythm** (meter, beat)

rhyme (verse) · **rime** (frost)

right (correct) · **rite** (ceremony) · **wright** (workman) · **write** (put words on paper)

rime (frost) · **rhyme** (verse)

ring (circle; bell) · **wring** (squeeze)

roam (wander) · **Rome** (city)

rock (stone; sway) · **roc** (fabled bird)

rode (past of ride) · **road** (path) · **rowed** (boat)

roe (doe, fish egg) · **row** (boating)

role (part) · **roll** (turn around; bread)

Rome (city) · **roam** (wander)

roomer (one who rooms) · **rumor** (gossip)

root (plant) · **route** (way of travel)

rose (flower) · **rows** (lines)

rote (mechanical repetition) · **wrote** (did write)

rough (coarse) · **ruff** (collar, fish; bluster)

rouse (awaken) · **rows** (quarrels)

rung (step; did ring) · **wrung** (squeezed)

rye (grain; alcohol) · **wry** (distorted)

129

S

Incorrect	Correct	Incorrect	Correct
Sabath —	**Sabbath**	sattelite —	**satellite**
sabbotage —		sattisfaction —	
	sabotage		**satisfaction**
sacarin —	**saccharin**	saught —	**sought**
sacerfice —	**sacrifice**	sausidge —	**sausage**
sacerment —		saveing —	**saving**
	sacrament	Sawk vaccine —	
sacreligous —			**Salk vaccine**
	sacrilegious	sayed —	**said**
safire —	**sapphire**	scarcly —	**scarcely**
safty —	**safety**	scarsity —	**scarcity**
sakred —	**sacred**	sccdule —	**schedule**
sakrifice —	**sacrifice**	sceinse —	**science**
salammi —	**salami**	sceleton —	**skeleton**
salery —	**salary**	sceme —	**scheme**
sallary —	**salary**	scenry —	**scenery**
salm —	**psalm**	sceptical —	
sammon —	**salmon**		**skeptical**
sanatashun —		scithe —	**scythe**
	sanitation	scizzers —	**scissors**
sandwidge —		scolastic —	
	sandwich		**scholastic**
sargent —	**sergeant**	scool —	**school**
sarkastic —	**sarcastic**	Scripchure —	
sassiety —	**society**		**Scripture**
sassparilla —		seceed —	**secede**
	sarsaparilla	secertery —	
Sataday —	**Saturday**		**secretary**
satasfactory —		seduse —	**seduce**
	satisfactory	seedan —	**sedan**

Incorrect	Correct	Incorrect	Correct
seelect	select	sentor	centaur
seeries	series	sentury	century
seeson	season	senyer	senior
segragate	segregate	seperate	separate
seige	siege	sereal	cereal
seing	seeing	sereise	series
seive	sieve	serface	surface
sekret	secret	sergery	surgery
seldem	seldom	serjon	surgeon
selebrait	celebrate	sermen	sermon
selery	celery	sermize	surmise
seleschul	celestial	serplus	surplus
selfs	selves	serprize	surprise
selibacy	celibacy	sertificate	certificate
sellar	cellar	servalanse	surveillance
sellfish	selfish	servay	survey
selluloid	celluloid	servicable	serviceable
seme	seem	servise	service
sement	cement	servive	survive
semetary	cemetery	seseed	secede
semmester	semester	sesession	secession
senater	senator	Setember	September
sene	scene	sety	settee
senic	scenic	seudo	pseudo
sensative	sensitive	seudonym	pseudonym
sentenial	centennial	sevinth	seventh
		sevral	several

131

Incorrect	Correct	Incorrect	Correct
sexsy	sexy	shevron	chevron
sez	says		
shagrin	chagrin	shez	chaise
shaley	chalet	Shicago	Chicago
shampain		shicanery	chicanery
	champagne		
shamy	chamois	shiek	sheik
shandaleir		shiffon	chiffon
	chandelier	shillaylee	
shaperone			shillelagh
	chaperon	shineing	shining
shapo	chapeau	shipd	shipped
sharade	charade	shippment	
sharaid	charade		shipment
sharlatin		shoffer	
	charlatan		chauffeur
sharliton		sholders	
	charlatan		shoulders
shartroose		shoodn't	
	chartreuse		shouldn't
shartrus		shouldent	
	chartreuse		shouldn't
shato	château	showvinizm	
shef	chef		chauvinism
sheild	shield	shreik	shriek
sheke	chic	shrubry	
shelfs	shelves		shrubbery
sheneel	chenille	shud	should
shenyon	chignon	shugar	sugar
sheperd	shepherd	shure	sure
sherbert	sherbet	shuv	shove
sherif	sheriff	sience	science
sheth	sheath	sieze	seize

Incorrect	Correct	Incorrect	Correct
sigar	cigar	sinsere	sincere
sigarette		sinthetic	synthetic
	cigarette	sipher	cipher
siggnificant		siramics	ceramics
	significant	sircumstance	
signerture			circumstance
	signature	sirrup	syrup
sikada	cicada	sirynge	syringe
silance	silence	sisors	scissors
sillable	syllable	sist	cyst
sillabus	syllabus	sistem	system
silouette		sistern	cistern
	silhouette	sitadel	citadel
simbal	symbol	sittuation	
simester			situation
	semester	sixt	sixth
simetry		sizm	schism
	symmetry	skarce	scarce
similer	similar	skare	scare
simpathy		skedule	schedule
	sympathy	skeme	scheme
simphony		skism	schism
	symphony	skool	school
simton	symptom	skooner	schooner
sinamin		slayed	slain
	cinnamon	slax	slacks
sincerly	sincerely	sodder	solder
sinch	cinch	sofemore	
sinder	cinder		sophomore
sindicate		sofen	soften
	syndicate	sofer	sofa
sinnic	cynic	sofisticate	
sinse	since		sophisticate

133

Incorrect	Correct	Incorrect	Correct
solem	solemn	stateing	stating
soler	solar	statis	status
sollid	solid	statment	statement
sophmore	sophomore	stattistic	statistic
sorce	source	stawk	stalk
sord	sword	stedy	steady
sorow	sorrow	stelthy	stealthy
sory	sorry	stomick	stomach
soshalist	socialist	stoped	stopped
sosiety	society	storey	story
sothern	southern	straight-jacket	strait jacket
sourkraut	sauerkraut	strech	stretch
sovrin	sovereign	strenth	strength
Sowvyet Union	Soviet Union	strenuoussly	strenuously
spagetti	spaghetti	strenyous	strenuous
Spanyerd	Spaniard	stricly	strictly
speach	speech	strugle	struggle
speshialty	specialty	studdy	study
speshul	special	studeying	studying
spesify	specify	stuped	stupid
spesiman	specimen	subburban	suburban
spirrit	spirit	suberb	suburb
sponser	sponsor	subordnate	subordinate
sprily	spryly	subscribtion	subscription
starberd	starboard	subsistance	subsistence

134

Incorrect	Correct	Incorrect	Correct
succede —	**succeed**	supprise —	**surprise**
succeser —		supress —	**suppress**
	successor	suprintendent —	
sucsess —	**success**		**superintendent**
sufferage —	**suffrage**	suround —	**surround**
suffishent —		survise —	**service**
	sufficient	suspishon —	
suficient —			**suspicion**
	sufficient	sutle —	**subtle**
sufix —	**suffix**	suvenir —	**souvenir**
suger —	**sugar**	suvvival —	**survival**
sugjest —	**suggest**	swade —	**suede**
sujjest —	**suggest**	swair —	**swear**
sujjestion —		swave —	**suave**
	suggestion	syche —	**psyche**
suksinct —	**succinct**	sychiatrist —	
sumary —			**psychiatrist**
	summary	sychic —	**psychic**
summarine —		sychology —	
	submarine		**psychology**
supena —	**subpoena**	sychosis —	
supercede —			**psychosis**
	supersede	sygnificant —	
suply —	**supply**		**significant**
supose —	**suppose**	symetrical —	
supperfluous —			**symmetrical**
	superfluous	symtom —	**symptom**
supplys —	**supplies**	synic —	**cynic**

Look-Alikes or Sound-Alikes

sac (baglike part of animal or plant) · sack (bag)

sail (on boat) · sale (sell at low price)

salvage (to save from wreckage) · selvage (the edge of woven fabric)

sanitary (hygienic) · sanitory (conducive to health)

Satan (devil) · satin (fabric) · sateen (cotton fabric resembling satin)

satire (wit used to ridicule) · satyr (a sylvan deity or demigod)

savior (one who saves) · Saviour (Christ)

scene (place) · seen (did see)

scents (smells) · sense (brains) · cents (money)

schilling (German coin) · shilling (British coin)

scrip (money) · script (story)

sculptor (one who carves) · sculpture (work of sculptor)

sea (water) · see (vision)

sealing (closing) · ceiling (top of room)

seam (line) · seem (appear)

sear (burn) · seer (prophet)

seas (bodies of water) · seize (grab) · sees (observes)

seed (flower) · cede (give up)

sell (opposite of buy) · cell (prison; in biology)

seller (one who sells) · cellar (basement)

selvage (the edge of woven fabric) · salvage (to save from wreckage)

senior (older) · señor (mister)

senses (sight, touch) · census (population count)

serf (slave) · surf (sea)

serge (fabric) · surge (swell)

serial (in a row) · cereal (food)

session (meeting) · cession (yielding)

settler (colonist) · settlor (one who makes a legal settlement)

sew (stitch) · so (like this) · sow (plant)

shear (clip) · sheer (thin)

sheik (Arab chief) · chic (stylish)

sheriff (county officer) · sherif (Arab prince)

shilling (British coin) · schilling (German coin)

shirt (garment) · chert (a rock)

shoe (foot) · shoo (go away)

shone (did shine) · shown (did show)

shoot (fire) · chute (drop)

shriek (cry out) · shrike (bird)

sic (thus) · sick (ill)

Sicilian (from Sicily, an island off and part of Italy) · Cilician (from Cilicia, a province in Asia Minor)

side (next to) · sighed (did sigh)

sighs (sound) · size (bigness)

sight (see) · site (place) · cite (point out)

sign (symbol; put name on) · sine (mathematics)

signet (a seal) · cygnet (a young swan)

singeing (burning) · singing (song)

singing (song) · singeing (burning)

skull (head) · scull (boat)

slave (one who has lost his freedom) · Slav (one who speaks a Slavic language as his native tongue)

136

slay (kill) · sleigh (sled)

sleight (trick) · slight (small; snub)

sloe (plum) · slow (not fast)

soar (rise) · sore (aching)

sodality (a fellowship) · solidarity (union)

sold (did sell) · soled (put on a sole)

soldier (military) · solder (to fuse)

sole (shoe) · soul (spirit)

some (a few) · sum (total)

someone (some person) · some one (one of several)

son (child) · sun (sky)

special (particular, specific) · especial (exceptional, preeminent)

specialty (an employment limited to one kind of work) · speciality (quality of being special)

specie (coin) · species (variety)

staid (sober) · stayed (remained)

stair (to climb) · stare (look steadily)

stake (post or gamble) · steak (food)

stalk (stem of plant; walk stealthily) · stork (bird)

stationary (fixed) · stationery (paper supplies)

statue (likeness) · stature (height) · statute (law)

steal (rob) · steel (metal)

step (pace) · steppe (plain)

stile (step) · style (fashion)

stork (bird) · stalk (stem of plant; walk stealthily)

straight (direct) · strait (body of water)

stricture (binding) · structure (form)

structure (form) · stricture (binding)

style (fashion) · stile (step)

suburb (near city) · superb (very good)

succor (help) · sucker (fool)

suit (clothes) · suite (rooms) · sweet (sugary)

sum (total) · some (a few)

summary (wrap-up) · summery (fit for summer)

sundae (ice-cream) · Sunday (Sabbath)

superb (very good) · suburb (near city)

symbol (sign) · cymbal (music)

T

Incorrect	Correct	Incorrect	Correct
tabblet	tablet	tecksture	texture
tabbulate	tabulate	tecnical	technical
tabu	taboo	teech	teach
tafeta	taffeta	teenadger	teenager
tailer	tailor	teen's	teens
tamata	tomato	teer	tier
tante	taint	teerful	tearful
takeing	taking	tejious	tedious
takkle	tackle	tekela	tequila
takt	tact	teknik	technique
taktics	tactics	tekstile	textile
tallent	talent	telagram	telegram
tangable	tangible	telavision	television
tanjent	tangent	tellephone	telephone
tanntalize	tantalize	tellevision	television
tanntrum	tantrum	temmerity	temerity
targit	target	temmplit	template
tarrif	tariff	temp	tempt
tarrnish	tarnish	temperarily	temporarily
tassit	tacit	temperment	temperament
tasteing	tasting		
tatered	tattered		
tatle	tattle		
tatoo	tattoo		
taudry	tawdry		
teara	tiara		

Incorrect	Correct	Incorrect	Correct
temprary — temporary		teratory — **territory**	
temprature — temperature		terestrial — **terrestrial**	
temprence — temperance		terible — **terrible**	
temt — **tempt**		terific — **terrific**	
temtation — temptation		terify — **terrify**	
tenament — tenement		teritorial — **territorial**	
tenasity — **tenacity**		terpentine — **turpentine**	
tendancy — tendency		terpitude – **turpitude**	
tenden — **tendon**		terrer — **terror**	
tenent — **tenant**		terribally — **terribly**	
tener — **tenor**		testafy — **testify**	
Tenesee — **Tennessee**		testamony — **testimony**	
tenible — **tenable**		testiment — **testament**	
tenit — **tenet**		Teusday — **Tuesday**	
tennacious — tenacious		texbook — **textbook**	
tenndenshous — tendentious		theem — **theme**	
tennsion — **tension**		theeology — **theology**	
tennuous — **tenuous**		theerum — **theorem**	
tenticle — **tentacle**		thef — **theft**	
tentitive — **tentative**		theif — **thief**	
teppee — **tepee**		their's — **theirs**	
teppid — **tepid**		theirselves — **themselves**	
terane — **terrain**		theiter — **theater**	
		themselfs — **themselves**	

139

Incorrect	Correct	Incorrect	Correct
theriputic		til	till
	— therapeutic	timerity	temerity
thermanooklear		timmerous	
	— thermonuclear		— timorous
thermistat		timmid	timid
	— thermostat	tiney	tiny
thersty	thirsty	tingel	tingle
therteen	thirteen	tinn	tin
thery	theory	tinnsel	tinsel
thesirus		tipe	type
	— thesaurus	tippoff	tip-off
thesus	thesis	tirant	tyrant
theze	these	tirms	terms
thiefs	thieves	tite	tight
thogh	though	tittalate	titillate
thoro	thorough	tittle	title
thousind		tittular	titular
	— thousand	tobbaco	tobacco
thred	thread	tobogun	
threshhold			—toboggan
	— threshold	to-day	today
thret	threat	todey	toady
thriftey	thrifty	togga	toga
thriling	thrilling	toggether	
thriveing	thriving		— together
throte	throat	toilit	toilet
thugg	thug	tokin	token
thum	thumb	tole	toll
thwort	thwart	tollerant	tolerant
Thyland		tomaine	
	— Thailand		— ptomaine
tickel	tickle	tommorow	
tieing	tying		— tomorrow

140

Incorrect	Correct	Incorrect	Correct
tomoroe	— tomorrow	traser	— tracer
tonage	— tonnage	trechery	— treachery
tonnic	— tonic	tresurer	— treasurer
tonnsil	— tonsil	trimendous	— tremendous
tonsalectomey	— tonsillectomy	tripplecate	— triplicate
toomstone	— tombstone	trist	— tryst
toogether	— together	truble	— trouble
toolip	— tulip	truefully	— truthfully
toom	— tomb	truely	— truly
toonight	— tonight	Trueman	— Truman
toor	— tour	tryed	— tried
Toosday	— Tuesday	tryumph	— triumph
toothe	— tooth	tummul	— tumult
topick	— topic	tung	— tongue
toppic	— topic	tunnage	— tonnage
tora	— Torah	turminate	— terminate
torador	— toreador	turminel	— terminal
torement	— torment	turmite	— termite
torenado	— tornado	turms	— terms
torepedo	— torpedo	turse	— terse
torid	— torrid	twealth	— twelfth
torint	— torrent	twelth	— twelfth
tork	— torque	tympany	— timpani
torper	— torpor	typeriter	— typewriter
totling	— totaling	tyrade	— tirade
tousand	— thousand	tythe	— tithe
tradegy	— tragedy	Tywan	— Taiwan
transferr	— transfer		
transsfer	— transfer		

141

Look-Alikes or Sound-Alikes

tacked (fastened) · **tact** (consideration)

tacks (fasteners) · **tax** (money paid government)

tail (end) · **tale** (story)

talc (powder) · **talk** (speak)

taper (candle; narrow) · **tapir** (animal)

tarantella (dance) · **tarantula** (spider)

tare (weight) · **tear** (rip)

tartar (on teeth; chemical) · **tartare** (sauce) · **Tatar** (a people) · **Tartar** (a people)

taught (did teach) · **taut** (tense)

tax (money paid government) · **tacks** (fasteners)

team (group) · **teem** (swarm)

tear (crying) · **tier** (layer)

teas (drinks) · **tease** (annoy)

technics (technical rules) · **techniques** (manners of performance)

techniques (manners of performance) · **technics** (technical rules)

teeth (plural of tooth) · **teethe** (to grow teeth)

tenant (renter) · **tenet** (belief)

tenor (singer) · **tenure** (duration)

tern (bird) · **turn** (rotate)

than (as in "greater than") · **then** (at that time)

their (belong to them) · **there** (that place) · **they're** (they are)

thence (from that time or place) · **hence** (from this time or place)

therefor (for that, for it, for them, etc.) · **therefore** (for this reason)

therefore (for this reason) · **therefor** (for that, for it, for them, etc.)

thrash (to swing or strike) · **thresh** (to beat out grain)

threw (tossed) · **through** (penetrated; finished)

throe (pang) · **throw** (hurl)

throne (king) · **thrown** (tossed)

throw (hurl) · **throe** (pang)

tic (twitching) · **tick** (pillow; clock)

tide (ocean) · **tied** (connected)

timber (wood) · **timbre** (tone)

tinny (like tin) · **tiny** (small)

tiny (small) · **tinny** (like tin)

to (toward) · **too** (also) · **two** (number)

toe (foot) · **tow** (pull)

toiled (worked) · **told** (said)

toilet (bathroom) · **toilette** (grooming, attire)

told (said) · **toiled** (worked)

tomb (grave) · **tome** (book)

tongue (in mouth) · **tong** (weapon)

topee (sun-helmet) · **toupee** (hairpiece for men)

topography (maps, charts) · **typography** (printing)

tortious (legal term referring to tort) · **tortuous** (twisting) · **torturous** (painful)

toupee (hairpiece for men) · **topee** (sun-helmet)

tour (trip) · **tower** (building)

track (path) · **tract** (region)

trail (path) · **trial** (court)

treaties (agreements) · **treatise** (account)

troop (company of soldiers) · **troupe** (company of actors)

tuba (musical instrument) · **tuber** (root of plant)

turban (hat) · **turbine** (power)

typography (printing) · **topography** (maps, charts)

U

Incorrect	Correct	Incorrect	Correct
ubbiquitous		unason	**unison**
	ubiquitous	Unatarian	
ucharist			**Unitarian**
	Eucharist	unatural	
uge	**huge**		**unnatural**
ugenics	**eugenics**	unaverse	
ukalalee	**ukulele**		**universe**
ulltimite	**ultimate**	unawganized	
ulltirior	**ulterior**		**unorganized**
ulogy	**eulogy**	unconsolable	
ulser	**ulcer**		**inconsolable**
ultamatum		undaprivilledged	
	ultimatum		**underprivileged**
umane	**humane**	undataker	
umberella			**undertaker**
	umbrella	unddress	**undress**
umble	**humble**	undeground	
umbridge			**underground**
	umbrage	underiter	
umility	**humility**		**underwriter**
ummbillical		underrite	
	umbilical		**underwrite**
ummpire	**umpire**	undigestible	
umpopular			**indigestible**
	unpopular	undinyable	
unalatteral			**undeniable**
	unilateral	undisirable	
unamed	**unnamed**		**undesirable**
unanamus		undoo	**undue**
	unanimous	undoubtably	
			undoubtedly

143

Incorrect	Correct	Incorrect	Correct
unduely	**unduly**	unholey	**unholy**
undyeing	**undying**	unick	**eunuch**
uneek	**unique**	unifey	**unify**
uneiform	**uniform**	uniquivikal	**unequivocal**
unempeachible	**unimpeachable**	unitey	**unity**
unerned	**unearned**	Unitid Stats	**United States**
unerth	**unearth**	univercity	**university**
unescapable	**inescapable**	universly	**universally**
unesessary	**unnecessary**	unkemp	**unkempt**
unezy	**uneasy**	unkle	**uncle**
unfagetible	**unforgettable**	unkonditionel	**unconditional**
unfare	**unfair**	unkonscious	**unconscious**
unfinnished	**unfinished**	unkooth	**uncouth**
unfitt	**unfit**	unkshus	**unctuous**
unfotunate	**unfortunate**	unncommon	**uncommon**
unfrendly	**unfriendly**	unneqil	**unequal**
unfrequent	**infrequent**	unnering	**unerring**
ungoddly	**ungodly**	unnerstand	**understand**
ungreatful	**ungrateful**	unnfavrable	**unfavorable**
unhelthy	**unhealthy**	unnit	**unit**
		Unnited Nashuns	**United Nations**
		unnocupied	**unoccupied**

Incorrect	Correct	Incorrect	Correct
unnowable ———		unsertin ———	
	— **unknowable**		— **uncertain**
unnpregudiced ———		untill ——— **until**	
	— **unprejudiced**	unumployed ———	
unnprincipaled ———			— **unemployed**
	— **unprincipled**	urb ——— **herb**	
unplesent ———		useable — **usable**	
	— **unpleasant**	usefull — **useful**	
unpresidented ———		useing — **using**	
	— **unprecedented**	use to —— **used to**	
unredeemable ———		usualy — **usually**	
	— **irredeemable**		

Look-Alikes or Sound-Alikes

udder (part of cow) · **utter** (speak)

umpire (referee) · **empire** (dominion)

unable (not able) · **enable** (to make able)

unique (sole) · **eunuch** (sexless)

urn (vase) · **earn** (gain; to receive a salary)

utter (speak) · **udder** (part of a cow)

V

Incorrect	Correct	Incorrect	Correct
vaccilate —	**vacillate**	vegetible —	
vacinnation —			— **vegetable**
	— **vaccination**	vegitable —	
vacume —	**vacuum**		— **vegetable**
vakairo —	**vaquero**	vegitible —	
valer —	**valor**		— **vegetable**
valintine —		vegitibul —	
	— **valentine**		— **vegetable**
vallid —	**valid**	vehamint —	
valuble —	**valuable**		— **vehement**
valv —	**valve**	vehimint —	
vanaty —	**vanity**		— **vehement**
vandel —	**vandal**	veicle —	**vehicle**
vaneer —	**veneer**	velosity —	**velocity**
vanesh —	**vanish**	venam —	**venom**
vannila —	**vanilla**	Veneeetion —	
vantrillokwist —			— **Venetian**
	— **ventriloquist**	vengance —	
vantriloquist —			— **vengeance**
	— **ventriloquist**	venil —	**venal**
vaped —	**vapid**	venim —	**venom**
vassel —	**vassal**	venimus —	
Vatecan —	**Vatican**		— **venomous**
vaze —	**vase**	Veniss —	**Venice**
veanul —	**venal**	venorashun —	
vecablerry —			— **veneration**
	— **vocabulary**	venorible —	
vecks —	**vex**		— **venerable**
vecter —	**vector**	ventellacion —	
veenel —	**venal**		— **ventilation**

146

Incorrect	Correct	Incorrect	Correct
ventellate	— ventilate	vermen	vermin
venttullation	— ventilation	vermooth	— vermouth
ventullation	— ventilation	vermuth	— vermouth
venul	venal	vernackuler	— vernacular
venum	venom	vernackulur	— vernacular
venumus	— venomous	versafy	versify
verafiable	— verifiable	versas	versus
verafucation	— verification	versefacation	— versification
verafy	verify	versefecation	— versification
verafyible	— verifiable	versifucation	— versification
veraly	verily	versitil	versatile
verassity	— veracity	versufy	versify
veraty	verity	versutil	versatile
verbil	verbal	vertabra	vertebra
verbily	verbally	vertabrate	— vertebrate
verble	verbal	vertabril	— vertebral
verbul	verbal	vertibrate	— vertebrate
verbully	verbally	vertibrul	— vertebral
verchu	virtue	verticle	vertical
vergin	virgin	vertiu	virtue
veriaty	variety	vertubra	vertebra
verible	variable	vertue	virtue
verilaty	virility		
verious	various		
verius	various		

147

Incorrect	Correct	Incorrect	Correct
verufyible —		victum —	victim
	— verifiable	vieing —	vying
veruly —	verily	viel —	veil
veruty —	verity	vien —	vein
veryous —	various	vigar —	vigor
vesinety —	vicinity	vigel —	vigil
vesle —	vessel	vigelence —	
vessal —	vessel		— vigilance
vessul —	vessel	viger —	vigor
vestabule —		vigerous —	vigorous
	— vestibule	vigur —	vigor
vestabyul —		vilage —	village
	— vestibule	vilense —	violence
vestad —	vested	villege —	village
vestage —	vestige	vilet —	violet
vestid —	vested	villify —	vilify
vestitch —	vestige	villige —	village
vestubyule —		villin —	villain
	— vestibule	vinager —	vinegar
vetaranery —		vindacate —	
	— veterinary		— vindicate
veterinery —		vindecate —	
	— veterinary		— vindicate
Vet Nam —		vinear —	veneer
	— Viet Nam	vineer —	veneer
vetos —	vetoes	vinella —	vanilla
vetrans —	veterans	violon —	violin
vibrent —	vibrant	vipar —	viper
vibrunt —	vibrant	vipur —	viper
victam —	victim	virtebrate —	
victem —	victim		— vertebrate
victer —	victor	virulance —	
victom —	victim		— virulence
victry —	victory	virulant —	virulent

Incorrect	Correct	Incorrect	Correct
virulunt	virulent	volyum	volume
viscious	vicious	vomet	vomit
vise	vice	vomut	vomit
visiate	vitiate	vosiferus	
visige	visage		vociferous
visinnity	vicinity	voyce	voice
visuge	visage	voys	voice
vitaman	vitamin	vulger	vulgar
vitel	vital	vuntrilloquist	
vitelly	vitally		ventriloquist
vitely	vitally	vurnaculer	
vitle	vital		vernacular
vittles	victuals	vurs	verse
vitul	vital	vursatil	versatile
vitully	vitally	vurses	versus
viuble	viable	vursifucation	
viubul	viable		versification
vivad	vivid	vursus	versus
vivod	vivid	vurtabra	vertebra
vizable	visible	vurtue	virtue
vodvil	vaudeville	vusinaty	vicinity
volentary		vyabel	viable
	voluntary		

Look-Alikes or Sound-Alikes

vacation (rest) · **vocation** (job)

vain (proud) · **vane** (weather) · **vein** (blood)

valance (drapery) · **valence** (in chemistry, degree of combining power)

vale (valley) · **veil** (face covering)

valence (in chemistry, degree of combining power) · **valance** (drapery)

veracity (truth) · **voracity** (hunger)

veracious (truthful) · **voracious** (greedy)

verses (poetry) · **versus** (against)

veto (vote no) · **Vito** (name)

vial (glass) · **vile** (loathsome) · **viol** (music)

vice (depraved) · **vise** (hold)

Volga (Russian river) · **vulg** (crude, impolite)

voracity (hunger) · **veracity** (truth)

W

Incorrect	Correct	Incorrect	Correct
wafur	wafer	werld	world
waggon	wagon	wership	worship
wakon	waken	werth	worth
wakun	waken	wery	wary
wallnut	walnut	westurn	western
wallut	wallet	wether	weather
wantin	wanton	wether	whether
wantun	wanton	whisle	whistle
warbel	warble	wiald	wild
warbil	warble	wickad	wicked
warbul	warble	wickud	wicked
wardan	warden	wield	wild
wardon	warden	wierd	weird
wardun	warden	wifes	wives
warrantee	warranty	wilderniss	wilderness
warreor	warrior	wildurnes	wilderness
warriur	warrior	wildurniss	wilderness
waryer	warrior	wile	while
wasteage	wastage	wimmen	women
waylayed	waylaid	wins	wince
wearhouse	warehouse	winse	wince
weary	wary	wipperwill	whippoorwill
weding	wedding	Wisconson	Wisconsin
wellcome	welcome	wisedom	wisdom
wellfare	welfare	wisk broom	whisk broom
welth	wealth		
Wensday	Wednesday		
weppon	weapon		

151

Incorrect	Correct	Incorrect	Correct
wisky	whiskey	woom	womb
wisper	whisper	woosted	worsted
wite	white	worning	warning
withar	wither	worp	warp
withold	withhold	wossel	wassail
withur	wither	wot	what
wiuld	wild	wresle	wrestle
wizzard	wizard	writeing	writing
wolfs	wolves	wun	won
wonderous		wund	wound
	wondrous	wurld	world
wonst	once	wurm	worm

Look-Alikes or Sound-Alikes

wade (walk through water) · weighed (did weigh)

wail (cry) · whale (mammal)

waist (body) · waste (unused)

wait (stay for) · weight (heaviness)

waive (give up) · wave (water; gesture)

waiver (surrender claim) · waver (falter)

war (combat) · wore (past tense of wear)

ward (hospital) · warred (fought)

ware (goods) · wear (clothes) · where (which place?)

way (direction) · weigh (pounds) · whey (milk)

we (us) · wee (tiny)

weak (feeble) · week (7 days)

weal (state) · we'll (we will) · wheel (round body)

weather (atmosphere) · whether (if)

welch (cheat) · Welsh (from Wales)

wet (water) · whet (appetite)

which (what one?) · witch (hag)

Whig (political party) · wig (hair)

while (during) · wile (trick)

whine (complain) · wine (drink)

whither (where) · wither (decay)

whole (complete) · hole (opening)

wholly (fully) · holey (having holes) · holy (religious)

whoop (holler) · hoop (circle)

who's (who is) · whose (to whom)

won (did win) · one (single)

ont (habit) · won't (will not)

ood (lumber) · would (ight)

ore (past tense of wear) · ar (combat)

ap (fold) · rap (knock)

rapped (packed) · rapt osorbed) · rapped (knocked)

eak (inflict) · wreck estroy) · reek (vapor)

rest (pull away) · rest epose)

wretch (louse) · retch (vomit)

wright (workman) · write (put words on paper) · right (correct) · rite (ceremony)

wring (squeeze) · ring (circle; bell)

wrote (did write) · rote (mechanical repetition)

wrung (squeezed) · rung (step; did ring)

wry (distorted) · rye (grain; alcohol)

XYZ

Incorrect	Correct	Incorrect	Correct
xlyaphone	— xylophone	yondur	yonder
Xmass	Xmas	youngstor	— youngster
y'all	you all	youngstur	— youngster
yat	yacht	your's	yours
yeild	yield	yungster	— youngster
yeller	yellow	Zar	Czar
Yeman	Yemen	Zavier	Xavier
yerself	yourself	zeel	zeal
yestaday	— yesterday	zeenith	zenith
yestiday	— yesterday	zefir	zephyr
yesturday	— yesterday	zefur	zephyr
yodal	yodel	zepher	zephyr
yogart	yogurt (or: yoghurt)	zink	zinc
yogee	yogi	zithar	zither
yogert	yogurt (or: yoghurt)	zithur	zither
yogu	yoga	zodeac	zodiac
yoman	yeoman	zoolegy	zoology
yondar	yonder	Zus	Zeus
		Zuse	Zeus
		zylophone	— xylophone

Look-Alikes or Sound-Alikes

yawl (sailboat) · yowl (loud cry)

yaws (tropical disease) · yours (possessive of you)

yew (tree) · you (person) · ewe (sheep)

yoke (frame for animals) · yolk (egg)

you'll (you will) · Yule (Christmas)

your (belongs to you) · you're (you are)

yours (possessive of you) · yaws (tropical disease)

yowl (loud cry) · yawl (sailboat)

QUICK LIST OF
CORRECT SPELLINGS

aardvark
Aaron
abandon
abbreviate
abdomen
ability
abolition
abrupt
absence
absent
absolutely
absurd
abuse
abyss
academic
accede
accelerate
accent
access
accessory
accident
accidentally
acclaim
acclimate
accommodate
accompany
accomplice
accomplish
accord
according
accordion
accost
account
accountant
accredit
accrue
accumulate
accuracy

accurate
accuse
accustom
ace
ache
achieve
acid
acknowledge
acknowledg-
   ment
acne
acoustics
acquaintance
acquire
acquisition
acquit
acquittal
acre
acreage
acrobat
across
acrostic
actor
actual
actually
acumen
acute
adage
adamant
addict
addition
address
Adenauer
adequate
adequately
adhere
adjacent
adjourn

adjustable
adjutant
administra-
   tion
administrator
admirable
admiral
admissible
admission
admit
admittance
adolescence
adolescent
adopt
adorable
adult
advance
advantage
advantageous
advertise
advertise-
   ment
advisable
adviser
advisory
advocate
aerial
aerodynamics
aeronautics
aerosol
affable
affair
affect
affidavit
affiliate
affirm
affix
afflict

affluence
afford
affront
Afghan
afraid
Africa
afterwards
against
aged
agencies
agency
agenda
aggrandize
aggravate
aggregate
aggressive
aghast
aging
agrarian
agree
agreeable
agreeing
agriculture
aground
airplane
aisle
alcohol
alert
alibi
alien
align
allege
allegiance
allergy
alleviate
alley
alliance
allocate

allot
alloting
allotment
allotted
allow
allowance
allowed
all right
ally
almanac
almighty
almond
almost
alone
alphabet
already
also
alternate
although
altogether
altruism
aluminum
always
amateur
ambassador
ambiguous
ambulance
ameliorate
amenable
amend
amendment
American
amiable
amity
ammonia
ammunition
among
amorous
amount
amour
amusement
analog
analogy

analysis
analyze
anatomy
ancestor
ancestry
anchor
anchovy
ancient
anecdote
anew
ankle
annex
annihilate
anniversary
annotate
announce-
   ment
annoyance
annual
annually
annuity
annul
annulled
anoint
anonymous
another
answer
antarctic
antecedent
antenna
anti-
   American
antibiotic
anticipate
antique
anxiety
anxious
any
any time
anywhere
apartment
aphorism
apologetically

apologies
apologize
apology
apostle
apostrophe
apparatus
apparel
apparent
apparently
appeal
appear
appearance
appease
appellate
appendec-
   tomy
appendix
appetite
applaud
appliance
applicant
applies
apply
appoint
appointee
appraisal
appraise
appreciable
appreciate
apprehend
apprentice
apricot
approach
apropos
appropriate
approve
approximate
apron
aptitude
arbitrator
arbitrary
arbitrate
archaic

architect
archives
arctic
area
arguing
argument
arise
arising
arithmetic
Arkansas
armada
armful
armistice
around
arouse
arousing
arraign
arrange
arrangement
arrears
arrest
arrival
arrive
arrogant
arrow
artery
article
artificial
artillery
artistically
ascend
ascertain
ashen
Asia
asinine
asked
asphalt
aspirant
aspirin
assail
assassin
assassinate
assault

157

assemble	authentic	bankruptcy	benefited
assent	author	banner	benevolent
assert	authority	baptize	bent
assess	authorize	barbecue	berate
asset	automatic	bargain	berserk
assign	automatically	barley	besiege
assimilable	automation	barracks	bestial
assist	automobile	barrage	betray
assistance	autumn	barrel	better
assistant	auxiliary	barricade	beware
associate	available	basic	beyond
assort	avalanche	basically	Bible
assume	average	basis	biceps
assurance	aviator	bastard	bicycle
assure	avid	baste	bier
asthma	avoidable	battalion	bigamy
astronaut	awe	battery	biggest
asylum	awful	beacon	bigot
ate	awkward	beautician	bilious
atheist	axis	beautiful	billet
athlete		beauty	billiard
athletic		beaver	billion
atmosphere	bacchanal	because	binary
attach	bachelor	become	binoculars
attack	background	becoming	biography
attacked	backward	beetle	birch
attain	bacon	before	bird
attempt	bade	began	birdie
attend	badge	beggar	biscuit
attendance	bagel	begin	bisect
attendant	baggage	beginner	bitter
attention	balance	beginning	bivouac
attest	balk	behavior	blackguard
attic	ballad	beige	blameful
attire	ballet	belief	blameless
attitude	ballistics	believe	blanket
attorney	ballot	belittle	blare
attract	balmy	belligerent	blasé
audible	banana	bely	blasphemy
audience	bandage	beneath	bleach
auditorium	banister	beneficial	bleak
August	banjos	beneficiary	blessed
au revoir	bankrupt	benefit	blight

blithe
blitz
blizzard
block
blockade
blotter
blouse
bludgeon
bluff
board
boast
boatswain
body
boisterous
bolster
bomb
bonfire
bonnet
bonsoir
bonus
bony
bookkeeping
borrow
bosom
bossy
botch
bottle
bottom
boudoir
bought
bouillon
boulevard
boundary
bouquet
bourbon
bourgeois
boycott
bracelet
braggart
braid
brain
brake
brand-new

brassiere
bravery
breadth
breakable
breakfast
breast
breed
breeze
brethren
bridge
brief
brigadier
bright
brilliant
Britain
Britannica
broccoli
broken
brokerage
bronchial
brook
browse
bruise
bucket
buckle
Buddha
budge
budget
buffalo
buffer
buffet
buffoon
bugle
build
built
bulldozer
bullet
bulletin
bumblebee
bungalow
bunion
buoy
buoyant

burden
bureau
burglary
burial
bursar
burst
busily
business
bustle
busybody
button
buxom

cabbage
cabinet
cable
cache
cactus
cadet
café
caffeine
calamity
calcium
calendar
calf
caliber
calico
California
calisthenics
calk
calm
calves
calypso
calorie
camaraderie
camel
camellia
camera
camisole
camouflage
campaign
camphor

campus
Canada
canal
canapé
cancel
cancer
candidate
candle
candor
canine
canister
canker
cannery
cannibal
cannon
canoe
canopy
cantaloup
cantilever
canvas
canyon
capable
capacious
capacity
capillary
capital
capitulate
caprice
capsule
captain
caption
carafe
caramel
carat
carbohydrate
carburetor
cardiac
cardinal
career
careful
caress
Caribbean
caricature

caring	cavalcade	changeable	chisel
carnal	cavalier	channel	chivalrous
carnival	cavernous	chaos	chlorine
carouse	cease	chapéau	chloroform
carriage	cedar	chaperon	chocolate
carried	ceiling	chaplain	choice
carrot	celebrate	character	choir
carrying	celery	charade	cholera
carte blanche	celestial	chariot	choreography
cartel	celibacy	charity	chorus
cartilage	cellar	charlatan	chosen
carton	cello	chartreuse	chow mein
cartoon	cellophane	chasm	christen
cartridge	celluloid	chaste	Christian
cascade	Celtic	château	Christmas
casement	cement	chatter	chromatism
cashew	cemetery	chauffeur	chrome
cashier	census	chauvinism	chronic
cashmere	centaur	cheap	chrysanthe-
casket	centennial	cheat	mum
casserole	central	cheese	chubby
cassock	centrifugal	Cheddar	chummy
castanet	century	chef	cicada
castigate	ceramics	chemical	cider
castle	cereal	chemist	cigar
casualty	cerebral	chenille	cigarette
cataclysm	ceremony	cherub	cinch
catacomb	certain	chestnut	Cincinnati
catalog	certificate	Chevrolet	cinder
catapult	chafe	chevron	cinnamon
cataract	chagrin	chic	cipher
catarrh	chagrined	Chicago	circle
catastrophe	chain	chicanery	circuit
catch	chair	chief	circular
category	chaise	chieftain	circumcise
caterpillar	chalet	chiffon	circumference
catholic	chalk	chignon	circumstance
caucus	challenge	children	cistern
cauliflower	chameleon	chimney	citadel
caulk	chamois	chinchilla	citation
cause	champagne	chintz	citizen
caustic	champion	Chippendale	citrus
caution	chandelier	chiropody	civil

160

civilization
clairvoyance
clamor
clannish
claque
classify
clause
cleanse
clearance
cleavage
clerical
clientele
cliff
climb
clipper
clique
cloak
cloche
clock
cloister
closet
closure
clothes
clown
clumsy
coach
coercion
coffee
coffin
cogitate
cognac
coherent
coiffure
coincidence
coleslaw
colic
coliseum
collaborate
collapse
collapsible
collar
collateral
colleague

collect
collector
college
collegiate
collision
colloquial
colonel
colonnade
color
coloratura
cologne
colossal
Colosseum
column
columnist
comb
comedian
comedy
comet
comfortable
comic
coming
comma
command
commemorate
commence
commendable
commensu-
    rate
commercial
commission
commit
committed
committee
commodity
common
communicate
communism
communist
community
commute
companion
comparable

comparative
compass
compatible
compel
compelled
compensation
compete
competence
competent
competition
complemen-
    tary
complexion
compliance
complicate
compose
composition
compressed
compromise
comptroller
compulsory
comrade
conceal
concede
conceit
conceive
concentrate
concentric
concept
concert
concession
conciliate
concise
conclave
concoct
concourse
concrete
concur
concurrence
concussion
condemn
condensation
condescend

condition
conduct
confectionary
confederate
conference
conferred
confess
confidence
confinement
confirm
conflagration
Confucius
congeal
congenial
congratulate
congregation
congruous
conjecture
conjugate
conjure
connect
Connecticut
connection
connoisseur
connotation
connote
connubial
conquer
conscience
conscientious
conscious
consensus
consequence
conservatory
consider
considerable
consignment
consistent
console
consolidate
constable
constant
constellation

161

consul	corner	cousin	crowned
consummate	cornice	covenant	crucial
consumption	coronary	cover	crude
contagious	coroner	coverage	cruel
contain	corporal	coward	cruelly
contemplate	corporation	coxswain	cruelty
contemporary	corps	coyly	cruiser
contempt	corpuscle	coyote	crumb
contemptible	corral	cozy	crutch
continent	corralled	crabby	cry
continually	correct	crack	cryptic
continuous	correlate	crackle	crystallize
contour	correspond	cradle	Cuba
contractual	corridor	craft	cuckoo
contrariwise	corroborate	cranberry	cudgel
contrary	corrugated	crane	culinary
contretemps	corrupt	crawl	culture
contribute	corsage	crayon	cunning
control	corset	cream	cupboard
controlled	cosmic	crease	curfew
controversial	cosmopolitan	creation	curiosity
convalesce	Cossack	creature	curious
convenient	cotillion	credence	curly
converge	cottage	credential	currency
converse	cotton	credible	current
convertible	cough	credulous	curriculum
convolute	counselor	crepe	cursed
convulse	countenance	crescendo	curtain
cookery	counterfeit	crew	curve
coolly	countess	cricket	custard
cooper	country	cried	custody
cooperate	coup	criminal	customer
coordination	de grace	crimson	cultivate
Copenhagen	coupé	cripple	cycle
copious	couple	critical	cyclone
copyright	coupon	criticize	cylinder
copywriter	courage	critique	cynic
coral	course	crochet	cyst
cordage	court	crocodile	Czar
cordial	courteous	croquet	Czecho-
corduroy	courtesan	croquette	slovakia
corkage	courtesy	croupier	
corned-beef	courtmartial	crowd	

dabble	decorate	demonstrate	detergent
dachshund	decrease	denial	deteriorate
dacron	dedicate	dense	determine
daffodil	deduce	dental	deterrent
dagger	deductible	dentifrice	detestable
dahlia	default	dentist	deuce
daily	defeat	deny	devastate
daiquiri	defendant	deodorant	develop
dairy	defense	departure	device
damage	defensible	dependable	devil
dandelion	deference	dependent	devious
dandruff	deferred	deplete	devise
dangerous	defiance	deposit	devoid
data	deficient	depot	devotion
daughter	deficit	depravation	diabetes
dauphin	defied	deprecate	dextrous
dawdle	definite	depressant	diagnose
dazzle	definitely	deprivation	dialect
deacon	definition	deprive	diamond
dead	defy	depths	diaper
deaf	De Gaulle	deputy	diaphragm
dealt	dehydrate	derelict	diary
debate	deign	derive	dichotomy
debauchery	Delaware	derogative	dictionary
debonair	delegate	derrick	didn't
debris	deliberate	descend	die
debt	delicacy	describe	diesel
debut	delicatessen	description	dietary
decade	delicious	desecrate	dietitian
decease	delight	desegregate	difference
deceit	delinquent	desertion	differential
deceive	delivery	desiccate	difficult
December	deluge	design	diffuse
decent	delusion	desirable	digest
decibel	deluxe	desolate	digestible
decided	demagogue	despair	digging
deciduous	dementia	desperate	digitalis
decimal	praecox	despicable	digressive
decipher	demi-tasse	destination	dilapidate
decision	democracy	destroy	dilemma
declaration	democrat	destruction	diligent
decline	demolish	detail	dilute
décolleté	demonstrable	detect	dimension

163

diminish
diminutive
dinette
dining
dinner
dinosaur
diocese
diphtheria
diploma
dire
direction
dirge
dirty
disagreement
disallow
disappear
disappoint
disapprobation
disarray
disastrous
disbursement
discard
discern
disciple
discipline
discommodity
disconcert
disconsolate
discount
discourteous
discover
discrepancy
discriminate
discuss
discussion
disdain
disease
disguise
dishonest
disillusion
dismantle
dismiss
dismissal

disparage
dispensary
disperse
displacement
disposable
disposal
dispossess
disproportion
dispute
disqualify
disreputable
disrupt
dissatisfy
dissect
disseminate
dissent
dissident
dissimilar
dissipate
dissociate
dissolution
dissolve
dissonant
dissuade
distaff
distance
distasteful
distillation
distinct
distinguish
distraught
distress
distribute
district
disturb
ditto
divan
diverge
divert
divide
dividend
divine
divorce

divulge
docile
doctor
doctrinaire
documentary
dodge
does
doggerel
doldrums
dollar
dolphin
domicile
dominant
domineer
dominion
domino
donkey
donor
don't
doom
door
dormant
dormitory
dosage
dossier
double
doubt
dough
doughnut
dove
dovetail
dowager
dowdy
dowry
dozen
dragon
drainage
drama
drawn
dread
dream
dreary
dredge

dress
dried
driftwood
drill
drink
drive-in
driveway
drizzle
droll
dromedary
droop
dropping
drowned
drowse
drudgery
druggist
drunkenness
dry
dual
dubious
dulcet
dullness
duly
dumb
dunce
dungaree
dungeon
duplex
duplicate
duplicity
durable
duration
duress
during
Dutch
dutiful
duty
dwarf
dying
dynamic

eager
eagle

earl	elect	emptiness	ensign
earlier	electricity	empty	entail
early	elegant	enable	entangle
earnest	elegy	enamored	enterprise
earring	element	enchant	entertain
earth	elementary	enclosure	enthusiasm
easement	elephant	encompass	entice
easily	eleven	encore	entire
Easter	elf	encourage	entomology
easy	elicit	encroach	entourage
eaves	eligible	encyclopedia	entrance
ebony	eliminate	endear	entreat
ebullient	elite	endeavor	entrée
eccentric	elixir	endorsement	entrepreneur
ecclesiastical	ellipse	endowment	entry
echo	elm	endurance	enunciate
eclipse	eloquent	enemy	envelop
economic	elucidate	energetic	envelope
economical	elude	enervate	enviable
ecstasy	elves	enforce	envies
ecumenical	else	enforceable	envious
eczema	emanate	engagement	environment
edge	embalm	engine	envy
edible	embarrassed	engineer	enwrap
edition	embassador	England	epic
editor	embellish	English	epicure
educable	embezzle	engrave	epidemic
educate	emblem	enhance	episode
eel	emboss	enjoyment	epitaph
effect	embrace	enlighten	epoch
effervescent	embroider	enliven	equally
efficacious	embryo	en masse	equilibrium
efficiency	emerald	enmesh	equinox
effort	emergency	enmity	equipped
egg	emigrant	ennoble	equity
ego	eminence	enormous	equivalent
eighteen	emissary	enough	erase
eighth	emollient	enquire	erection
Eisenhower	emotion	enrage	Erie
either	emperor	enrapture	ermine
eject	emphasis	enrich	errand
elaborate	empire	en route	erratic
elbow	employee	ensemble	erroneous

165

error	excursion	facetious	fathom
erudite	execute	facial	fatigue
escalator	executive	facilitate	fatten
escort	exercise	facing	fatuous
Eskimo	exert	facsimile	faucet
espionage	exhale	fact	fault
essay	exhaust	faction	favorable
essential	exhibit	factor	fawn
establish	exhilarate	factory	fear
estimate	exile	faculty	feasible
etch	exist	Fahrenheit	feast
eternity	existence	fail	feather
ethical	exodus	factual	feature
etiquette	exonerate	faille	February
Eucharist	exorbitant	faint	federal
eugenics	exotic	fairly	feebly
eulogy	expel	fairy	feel
eunuch	expendable	faith	feign
euphemism	expense	falcon	felicitate
European	experience	fall	fell
evening	expiration	fallacy	fellow
every	explanation	fallible	felony
everywhere	expletive	false	felt
evidence	explicit	falsetto	feminine
evil	exposal	falsify	fence
evolution	express	fame	ferment
exact	extempora-	familiar	ferocious
exactly	neous	family	ferry
exaggerate	extension	famine	fertile
exalt	extinct	famous	festival
examination	extracur-	fanatic	fetch
example	ricular	fanciful	fetter
exasperate	extraordinary	fancy	feud
exceed	extravagant	fantasy	feudal
excel	extreme	far	fever
excellent	extricate	farce	few
except	extrovert	farm	fiancé
excessive		farther	fiasco
excise	fable	fascinate	fibrous
excitable	fabric	fashion	fickle
excitement	fabulous	fasten	fiddle
exclude	façade	fatal	fidelity
excruciate	face	fateful	fidget

166

field	flexible	forecast	freak
fiend	flicker	forecastle	freckle
fierce	flies	foreclose	freight
fiery	flight	foregone	frequency
fight	flimsy	forehead	freshen
figure	flippant	foreign	Freud
file	flirt	foreman	friar
filet	flirtatious	foremost	fricassee
Filipino	float	foresee	friction
film	flock	foresight	Friday
filter	flood	forest	friend
final	floor	forever	fright
finance	Florida	forfeit	fringe
financial	florist	forge	frivolous
finely	flotilla	forgery	frock
finesse	flounce	forget	frontal
finger	flounder	forgive	frontiersman
fire	flourish	fork	frontispiece
firing	flower	formal	frown
firm	flown	formally	frozen
first	fluent	former	frugal
fission	fluid	formidable	fruitful
fitting	fluorescent	formula	fuchsia
fix	fluoride	forsake	fudge
flabbergast	fluoroscope	forsythia	fugitive
flaccid	flute	fortitude	fugue
flagging	fly	fortune	fulfill
flagrant	foam	forty	fumble
flake	focal	forum	fume
flame	focus	forward	function
flammable	foe	fossil	fundamental
flapper	foggy	fought	funeral
flatten	fold	found	fungus
flatter	foliage	fountain	funnel
flattery	folk	fourteen	funny
flatulent	follow	fourth	furious
flavor	folly	fox	furlough
flaw	foment	fragrance	furnish
flea	fondle	frail	furniture
fledgling	font	frame	furry
fleece	football	fraternal	further
fleet	forbid	fraudulent	fuselage
flesh	forcible	fraught	futile

future	genial	glutton	gravity
	genius	glycerin	grease
gabardine	gentile	gnarl	greedy
gadget	gentleman	gnash	green
galaxy	gently	gnat	greet
gale	genuine	gnaw	grenade
gallant	Georgia	gnome	greyhound
gallery	geriatrics	goad	grief
Gallic	German	goal	grievance
gallon	germane	goat	grieve
gallop	gesture	gobble	grille
gallows	get	goblet	grimace
gamble	geyser	goddess	groan
game	ghastly	gondola	grocery
gamma	ghetto	gone	grope
globulin	ghost	good	gross
gamut	giant	goose	grotesque
gangrene	giddy	gopher	group
garage	gigantic	gorgeous	grovel
garbage	giggle	gospel	grudge
garden	gigolo	gossamer	gruesome
gardener	gimmick	gossip	guarantee
garlic	ginger	gotten	guard
garret	gingham	gourd	guess
garrulous	girdle	gourmet	guest
gas	girl	government	guidance
gaseous	giraffe	governor	guide
gasket	giveaway	gown	guileless
gasoline	glacial	graceful	guinea
gauche	glamorous	gracious	guise
gaudy	glance	grade	guitar
gauge	glare	gradual	gullible
gauze	glass	grain	gunner
gazelle	glazier	grammar	gurgle
gazette	gleam	grand	gutter
gear	glider	grand-	guttural
geisha	glimmer	daughter	guy
gelatine	glimpse	grandeur	gymnasium
gendarme	glitter	graph	gynecology
genealogy	global	grass	gyp
generally	gloom	grateful	gypsum
generous	glorify	gratitude	gypsy
genetic	glossary	gravel	gyroscope

haberdasher	hate	herbaceous	home
habilitate	haughty	heredity	homely
habituate	haunt	hereon	homemaker
hacienda	haven	heresy	homestead
hack	Hawaii	heretofore	homicide
haddock	hay	heritage	homogeneous
haggard	hazard	heroes	honest
haggle	hazel	hermitage	honey
halcyon	head	herring	honeydew
half	headache	hers	honor
hallelujah	headache	hesitate	honorable
hallow	headdress	heteroge-	honorary
Halloween	health	neous	hood
hallucinate	heap	hexagon	hoof
halo	hearse	hiatus	hook
halves	hearth	hibernate	hoping
hamburger	heartily	hickory	horizon
hamlet	hearty	hidden	hormone
hammer	heat	hideous	hornet
handful	heathen	hierarchy	horoscope
handicap	heave	hieroglyphic	horrendous
handkerchief	heaven	highbrow	horrible
handle	heavy	highness	horrified
happen	heckle	hilarious	horror
happily	hectic	hindrance	hors
harangue	hedge	hindsight	d'oeuvres
harass	hedonist	hinge	horse
harbor	head	hippo-	horsy
hardboiled	heifer	potamus	horticulture
hardening	height	hireling	hose
harebrained	heinous	history	hosiery
harem	heiress	hitch	hospital
harlequin	heirloom	hoax	hostage
harmonious	helicopter	hobby	hostile
harness	hell	hockey	hotel
harridan	hello	hodgepodge	hound
harried	helmet	hoist	household
harsh	hemisphere	holiday	houses
harvest	hemoglobin	holiness	housewife
hassle	hemorrhage	hollandaise	housing
hasten	henceforth	hollow	hovel
hatch	henna	holocaust	hover
hatchet	herald	homage	howl
	herb		

huckleberry	Iceland	immature	impromptu
huddle	ichthyology	immeasur-	improvement
huge	icing	able	impugn
humane	icon	immediate	inaccurate
humble	iconoclast	immemorable	inane
humiliate	idea	immense	inappropriate
humility	ideal	immigrant	inapt
humming	identical	imminent	inaugurate
humor	identify	immobile	inauspicious
humorous	ideology	immoral	incalculable
hundred	ides	immortal	incandescent
hunger	idiom	immune	incarnate
hungry	idiosyncrasy	impair	incendiary
hunting	idiot	impartial	incentive
hurdle	idolater	impasse	incessant
hurl	idyllic	impassioned	incest
hurray	ignominious	impatient	incident
hurricane	ignorant	impeach	incidentally
husband	ignore	impeccable	incriminator
hussy	iguana	impecunious	incipient
hustle	Iliad	impede	inclement
hybrid	illegal	impel	inclination
hydrangea	illegible	impenetrable	include
hydrant	illegitimate	imperial	incognito
hydraulic	illicit	impersonal	inconsolable
hydrogen	Illinois	imperturb-	incorporate
hydrophobia	illiterate	able	incorrigible
hyena	illness	impetus	increase
hygiene	illogical	impiety	incredible
hymnal	illuminate	impinge	increment
hypertension	illusion	impious	incumbent
hyphen	illustrate	implacable	incurred
hypnotist	image	implement	incurring
hypocrisy	imaginable	implicit	indebted
hypocrite	imagination	imply	indecent
hypodermic	imagine	impolite	indecorous
hypothetical	imbalance	importance	indefensible
hysteria	imbecile	impossi-	indelible
	imbibe	bility	independent
	imbue	impotent	index
	imitation	impresario	Indian
ibex	immaculate	impress	indicative
ice	immaterial	impression	indictment
iceberg			

170

indifferent	ingenious	insulate	irascible
indigenous	ingratiate	intangible	iridescence
indigestible	ingredient	integral	iron
indigo	inhabitant	integrate	irrational
indiscrim-	inhale	intellectual	irreconcilable
inate	inherit	intelligence	irredeemable
indistinguish-	inhibition	intemperate	irregular
able	initial	intensify	irrelevance
individually	initiative	intention	irrelevant
indoctrinate	injection	intercede	irresistible
indolent	injury	intercept	irresponsible
indomitable	injustice	intercession	irrevocable
inducement	innate	intercourse	irrigate
inebriate	inner	interest	irritable
ineffable	innervate	interesting	Islam
inefficacious	innocence	interfere	island
inefficient	innocuous	interference	isle
inert	innovate	interlude	isolate
inertia	innuendo	intermediate	isotope
inescapable	inoculate	intermittent	Israel
inevitable	inordinate	internal	issuance
inexorable	inquire	interpolate	issue
infallible	insanity	interpret	isthmus
infamous	inscrutable	interrogate	Italian
infancy	insect	interrupt	itch
infant	inseparable	interview	item
infection	inside	intimate	ivory
inference	insight	intoxicate	ivy
inferior	insipid	intricacy	
infidelity	insistent	intrigue	
infiltrate	insolent	introduce	
infinitely	insoluble	invalid	jackal
infinitive	inspiration	invasion	jackass
infirmary	instance	inveigle	jacket
inflammable	instantaneous	investigate	jackknife
inflation	instead	inveterate	jade
inflection	instigate	invigorate	jagged
influence	instinct	invisible	jaguar
information	institute	invite	jail
infrared	instrument	invoice	jalopy
infrequent	insubordi-	invoke	janitor
infuriate	nate	inward	January
infuse	insufferable	iodine	Japanese

171

jardiniere	jungle	klieg	language
jargon	junior	knack	languish
jasmine	jurisdiction	knapsack	languor
jaundice	jury	kree	lanolin
jazz	just	knickknack	lantern
jealous	justice	knife	lapel
jeep	justify	knives	larceny
Jeffersonian	juvenile	knob	large
jelly		knock	larkspur
jeopardy		knoll	larynx
jerk	kaleidoscope	knotted	lascivious
jersey	kangaroo	knout	lassie
Jesuit	kaput	knowledge	lassitude
jettison	katydid	knuckle	lasso
jetty	kayak	kosher	làtch
jewelry	keel	Kremlin	late
jewels	keen		lately
jibe	Kennedy		latent
jigger	kennel	label	latitude
jimmy	kept	labor	latticework
jitterbug	kerchief	laboratory	laudable
jobber	kernel	labyrinth	laughable
jockey	kerosene	lace	laughter
jocular	kettle	lacerate	launch
jodhpurs	key	lachrymose	laundry
Johnson	khaki	lacing	laurel
joker	Khrushchev	lackey	lavaliere
jolly	kibitzer	laconic	lavatory
jostle	kick	lacquer	lavender
jotting	kidney	ladder	lawn
journal	killer	ladies	lawyer
journey	kilowatt	ladle	laxative
jovial	kimono	laggard	laziness
joyous	kindergarten	lagging	leader
jubilant	kindness	laid	leaf
jubilee	kindle	lake	league
judge	kindred	lambaste	leakage
judgment	kingdom	lame	leaped
judicial	kipper	lamentable	learn
judiciary	kissed	laminate	lease
juggler	kitchen	lance	leather
juice	kitten	landlord	leave
juncture	kleptomania	landscape	leaven

leaves	libido	lively	ludicrous
lecture	library	livery	luggage
ledger	libretto	lives	lukewarm
legal	license	lizard	lullaby
legalize	licentious	loafer	luminescent
legend	licorice	loathe	lunacy
legerdemain	liege	lobby	lunatic
legging	lieu	localize	luncheonette
legible	lieutenant	locket	lure
legion	lifeboat	locomotive	luscious
legislature	lifetime	locust	lustrous
legitimate	ligament	lodge	lute
leisure	light	logarithm	luxuriant
leisurely	likable	logic	luxury
lemonade	likely	loneliness	lying
length	likeness	lonely	lymph
lenient	lilac	lonesome	Lyndon
lens	lily	longevity	lynx
lent	limb	longitude	lyric
leopard	limber	loquacious	
leprechaun	lime	lord	
leprosy	limelight	lore	
lesbian	limit	Lorelei	macadam
lessen	Lincoln	lorgnette	macaroni
lethal	linear	lose	macaroon
lethargy	linen	loss	machete
let's	lingerie	lotion	Machiavel-
letter	linguist	lottery	lian
lettered	linkage	loud	machinery
lettuce	limousine	lounge	mackerel
letup	linoleum	lousy	mackintosh
level	lion	lout	madame
leveler	liquefy	louver	mademoiselle
levitation	liquid	Louvre	madras
lewd	liquor	lovable	magazine
lexicon	lissome	love	maggot
liability	listen	lovely	magic
liaison	litany	loving	magistrate
liar	literacy	lowbrow	magnet
libel	literature	loyal	magnificence
liberal	little	lubricate	magnitude
liberalism	liturgical	lucid	maharajah
libidinous	livelihood	luck	mahogany
			maidenly

maintenance
major
majority
malady
malediction
malfeasance
malice
malicious
malign
malinger
malleable
making
mambo
mammal
mammoth
manacle
manageable
manager
mandatory
maneuver
mange
manger
mania
manicure
manifesto
manifold
manner
mansion
mantelpiece
manufacture
manuscript
many
maple
maraschino
maraud
marble
margarine
margin
marijuana
marine
maritime
market
marmalade

maroon
marquis
marquise
marriage
marriageable
married
marrow
marry
martini
martyr
marvelous
masculine
masonry
masquerade
Massachu-
setts
massacre
massage
masseur
massive
master
masticate
material
maternity
mathematics
matinée
maître d'
matriarch
matrimony
matronly
matter
mattress
maturation
mature
maudlin
mausoleum
maverick
maximum
maybe
mayonnaise
meadow
meager
meanness

meant
measles
measure
mechanic
mechanize
medal
medallion
meddle
Medicare
medicine
medieval
mediocre
Mediter-
ranean
medium
medley
megalomania
melancholy
mélange
melon
mellow
melodious
melodrama
membrane
memento
memoir
memorable
memorial
memory
menace
menagerie
menial
menstruate
mental
mention
menu
mercenary
merchandise
mercy
merely
merger
meringue
merit

merrily
messenger
mesmerize
messy
metal
metallic
metamor-
phosis
metaphor
meteor
Methodist
metropolitan
mezzanine
miasma
mice
microscope
midday
middle
mien
migrate
mileage
military
militia
millennium
millinery
millionaire
mince
mineral
mingle
miniature
minimum
minister
Minnesota
minority
minus
minuscule
minute
minutia
miracle
mirage
mirror
miscella-
neous

mischief	monotonous	mutiny	negative
mischievous	monsieur	myopia	neglect
misconduct	monstrous	myrtle	negligee
miser	month	mysterious	negligence
miserable	mope	mystery	negotiate
misery	morality	mysticism	Negroes
misfortune	morgue	mystify	Nehru
mishap	Mormon	mythical	neighbor
mislaid	morocco		neither
misogyny	morphine		nephew
missile	morsel	nagged	nepotism
mission	mortgage	nail	nervous
Mississippi	mortally	naïve	nestle
misspell	mortify	naïveté	neuralgia
misstate	mortuary	naked	neuritis
mistake	mosaic	nameless	neurologist
mistress	mosque	naphtha	neurotic
mitten	mosquito	narcissistic	neutral
mixture	mossy	narcotics	neutralize
mnemonic	motif	narration	new
moan	motion	narrative	next
moat	motor	narrow	Niagara
mobilize	mottled	nascent	nibble
moccasin	mournful	nastiness	nicely
mockery	movement	nasturtium	niche
model	mucilage	national	nickel
modern	mucous	naturally	nicotine
modest	mucus	nature	niece
modifier	muddy	nausea	night
modulate	Muhum-	navigable	nihilism
moire	madan	navy	nil
moisture	Mulatto	Nazi	nimble
molecule	mulish	near	nineteen
molestation	multiply	neat	ninety
mollify	mundane	nebulous	ninth
momentous	murderer	necessary	nipple
monarch	murmur	necessity	Nixon
monastery	muscle	neck	nobleman
money	museum	neckerchief	noblesse
monkey	music	necromancy	oblige
monogamist	muslin	nectarine	nocturnal
monopoly	mustache	needle	noise
monotone	mustard	nefarious	noisome

175

nominate
nonchalant
nonentity
normal
north
northerly
nosegay
nostalgic
notable
notary
notch
nothing
notice
noticeable
notion
notorious
nourish
nouveau
  riche
novel
novice
nowhere
noxious
nuclear
nucleus
nudity
nuisance
nullification
numb
numerous
numskull
nunnery
nuptial
nurse
nursemaid
nurseries
nutrition
nutty
nymph

oar
oath

obbligato
obedience
obese
obey
obituary
object
objectionable
oblige
oblique
obnoxious
obscene
obsequious
observance
obsession
obsolescent
obsolete
obstacle
obstetrician
obstinate
obvious
occasion
occasional
occupancy
occupant
occupied
occur
occurrence
ocean
oceanography
octopus
oculist
odd
odor
odorous
Odyssey
Oedipus
off
offense
offer
offering
office
official
officious

often
ogle
ogre
oil
ointment
old
olfactory
olive
Olympic
omelet
ominous
omissible
omission
omit
omniscient
omnivorous
once
onerous
opaque
open
openness
opera
operate
operator
operetta
ophthal-
  mology
opinion
opium
opponent
opportune
opportunity
oppose
oppressor
optician
optional
optimism
opus
oracle
orange
orator
orbit
orchestra

orchid
ordinary
ordinance
organ
organization
orgasm
orgy
origin
original
ornament
orphan
orthodox
oscillate
osculatory
ossify
ostensible
ostentatious
ostrich
ought
ounce
ours
ourselves
oust
outer
outrageous
outsider
outward
ovary
overrate
overreach
overrun
overseer
overt
overture
overwhelm
overwrought
oxygen
oyster

Pacific
pacifist
pacify

package	paraffin	passé	pendulum
pact	paragraph	passion	penetrate
padre	parakeet	passive	penicillin
paean	parallel	passport	peninsula
pageant	paralysis	pastel	penitent
pagoda	paralyze	pasteurize	penitentiary
paid	paramecium	pastime	penknife
paisley	paramount	pasting	penmanship
pajama	paranoia	pastor	pennant
Pakistan	parapher-	pastrami	penniless
palace	nalia	pastry	Pennsylvania
palatable	paraphrase	pâté de	Pentagon
palate	paraplegic	foie gras	Pentecostal
palatial	parasite	patent	penurious
palisade	paratrooper	paternal	people
pallbearer	parcel	patient	per annum
pall-mall	parcheesi	patio	perceive
palm	parenthesis	patriot	percent
palmistry	parfait	patriotism	percolator
palpable	pari-mutuel	patrol	percussion
palpitate	parish	patron	perennial
palsy	parity	pathos	perfect
pamphlet	parliament	pattern	perforate
panacea	parlor	pavement	perform
panatella	Parmesan	pavilion	perfunctory
pancake	parochial	paving	perhaps
pandemo-	parody	peach	peril
nium	parole	peanut	perimeter
panel	parquet	peasant	period
panicky	parrot	pecan	periphery
panorama	parson	peccadillo	periscope
pansy	partial	peculiar	perish
pantomime	participate	pecuniary	perjury
papacy	participle	pedestal	permanent
papier-	particle	pedestrian	permeate
mâché	particular	pediatrics	permissible
paprika	parties	pedigree	permit
parable	partisan	peevish	peroxide
parabola	partition	peignoir	perpen-
parachute	partitive	pellet	dicular
parade	partner	penal	perpetrate
paradise	passable	penalty	perpetual
paradox	passage	pencil	persecute

persevere	phonics	pinup	plentiful
persistence	phonograph	pioneer	plethora
person	phony	pious	pleurisy
personal	phosphate	piping	pliable
perspica-	phospho-	pistachio	pliers
cious	rescence	piston	plight
perspiration	phosphorus	pitfall	plumber
perspire	photograph	pittance	plural
persuade	phrase	pitiful	plus
pertinent	physically	Pittsburgh	plutonium
perturb	physician	pituitary	pneumatic
pervade	physics	pivot	pneumonia
perverse	physiognomy	pizza	pocket
pervert	physiology	placard	pocketbook
peso	physio-	placate	poem
pessimist	therapy	placebo	poet
pesticide	physique	placement	pogrom
petal	pianist	placid	poignant
petite	piano	plagiarism	poinsettia
petition	piazza	plague	poise
petrify	pica	plaid	poison
petroleum	picayune	planet	polar
petticoat	piccolo	planetarium	Polaris
petulant	picket	plasma	polarize
pew	pickle	plastic	Polaroid
phantom	picnic	plateau	polemic
pharaoh	piece	platform	police
pharmacy	pierce	platinum	policy
phase	piety	platitude	polio
pheno-	pigment	platonic	polish
barbital	pilfer	platoon	polite
phenomenon	pilgrim	platter	politics
Philadelphia	piling	plausible	polka
philanderer	pillage	plaza	pollen
philanthropy	pillar	plea	pollute
philately	pillbox	plead	polyethylene
philharmonic	pilory	pleasant	polygamy
Philippines	pilot	please	polygon
philosophy	pimento	pleasure	pomade
phlegm	pimple	pleat	pompadour
phobia	pincers	plebiscite	pompous
Phoenix	pineapple	pledge	Pontiff
phonetic	pinnacle	plenary	popular

porcelain	predecessor	prevalent	progeny
pornography	predicament	prevaricate	prognosis
portable	predicate	prevention	program
portfolio	predict	preview	progress
portrait	predictable	previous	prohibit
position	predominant	priceless	project
positive	preeminent	prickly	prolific
posse	prefabricate	priest	prologue
possess	preface	primary	promenade
possession	prefer	primeval	promiscuous
possible	preference	primitive	promise
postage	pregnant	princess	promissory
postal	prejudice	priority	prompt
postpone	preliminary	prism	pronuncia-
posture	prelude	prison	tion
potato	premature	privacy	propaganda
potassium	premier	private	propagate
potential	premise	privilege	propel
potpourri	premium	probable	proper
pottery	premonition	problem	property
poultry	preoccupa-	procedure	prophecy
pounce	tion	proceed	prophet
pour	preparation	process	proponent
pout	prepare	procession	proportion
poverty	preponderant	proclaim	proposal
powder	preposition	procrastinate	propose
practical	preposterous	procreate	proposition
practice	prerogative	proctor	proprietor
prairie	Presbyterian	procure	propriety
prayer	prescribe	prodigious	propulsion
preamble	prescription	prodigy	prosaic
precarious	present	produce	prosecute
precaution	preserve	product	prospect
precede	preside	profess	prospective
precedent	president	profession	prospectus
precept	pressure	professor	prostate
precinct	prestige	proffer	prostitute
precious	presume	proficient	protagonist
precipitate	presumption	profile	protect
précis	pretend	profit	protégé
precise	prettify	profligate	protein
preclude	pretty	profuse	protest
precocious	prevail	progenitor	Protestant

179

protocol	puppet	radical	ravel
proton	purchase	radioed	raven
protoplasm	pure	radish	raw
prototype	purge	radium	rayon
protrude	purple	radius	raze
proud	purpose	raffia	razor
prove	purse	raffle	reach
provide	pursue	raft	reaction
providence	pursuit	raged	reactor
provoke	pusillani-	ragged	reader
proximity	mous	raglan	readily
proxy	putrefy	ragout	ready
prude	putrid	raid	realism
pry	putt	railing	reality
psalm	puzzle	raiment	realize
pseudo	pyramid	rain	really
pseudonym	Pyrex	rainy	realm
psyche	pyromaniac	raisin	reap
psychiatrist	pyrotechnics	rakish	reason
psychic	Pyrrhic	rally	reasonable
psychoanaly-	victory	ramble	rebait
sis		ramification	rebate
psychology		rampage	rebel
psychosis	qualify	rampant	rebellion
ptomaine	quality	rancid	rebuke
public	quantity	random	rebuttal
pudding	quarantine	range	recalcitrate
pudgy	quarrel	rankle	recapitulate
pueblo	questionnaire	ransom	recede
puerile	quick	rapacious	receipt
Puerto Rico	quiver	rarely	receivable
pulchritude	quizzical	rarity	receive
pullet	rabble	raspberry	recent
pulmonary	rabies	ratable	reception
pulpit	raccoon	ratchet	recess
pulverize	racial	rather	recession
pumpernickel	racism	ratio	recipe
pumpkin	racket	ration	reciprocal
punctual	racketeer	rationalize	reciprocity
punctuate	raconteur	rattle	recital
puncture	racy	rattlesnake	recitation
pungent	radial	raucous	reckless
punitive	radiant	ravage	reckon

180

reclamation	regiment	remonstrate	reputable
recluse	region	remorseful	require
recognize	register	remote	requisite
recommend	regression	removable	requittal
recompense	regrettable	removal	resalable
reconnais-	regular	remunerate	rescind
sance	regulate	renaissance	research
reconnoiter	regurgitate	renascence	resemblance
record	rehabilitate	rendezvous	resent
recoup	rehearsal	renegade	reservation
recovery	rehearse	renege	reservoir
recreation	Reich	renew	residence
recriminatory	reindeer	reparable	residual
recruit	reject	repartee	residue
rectal	rejoice	repeal	resign
rectangle	rejuvenate	renovate	resilience
rectify	relation	reorganize	resin
recuperate	relative	repair	resistance
recurrence	relax	repeat	resistible
redemption	release	repel	resolution
redden	relegate	repellent	resolve
reduce	relentless	repercussion	resonance
reducible	relevant	repertory	resort
redundant	reliable	repetition	resource
reenforce	reliant	repetitive	respectable
reentry	relied	replacement	respirator
refer	relief	replete	respite
reference	relieve	replica	responsible
refinement	religious	reply	restaurant
reflection	relinquish	repository	restoration
reflex	relish	reprehensible	result
reform	reluctance	represent	resume
reformation	rely	repressed	resumption
refrain	remain	reprieve	resurrection
refrigerator	remedial	reprimand	resuscitate
refugee	remedy	reprisal	retail
refurbish	remember	reprise	retain
refusal	reminisce	reprobate	retaliate
regal	remission	reproduce	reticent
regale	remit	reptile	retina
regardless	remittance	republic	retire
regency	remittent	republican	retirement
regime	remnant	repugn	retouch

retribution	rifle	rough	sarsaparilla
retrieve	right	roulette	satellite
retrogression	righteous	routine	satisfaction
retrospect	rigid	roving	satisfactory
retroussé	rigmarole	royal	Saturday
reveal	rigor	royally	sauerkraut
reveille	rigorous	rubber	sausage
revelation	ringer	rudder	saving
revenge	rinsing	rude	scarce
revenue	riot	ruler	scarcely
reverent	riotous	rumble	scarcity
reverie	ripe	rummage	scare
reversible	ripen	rummy	scene
revert	ripple	rumor	scenic
revise	rise	runner	schedule
revision	rising	running	scheme
revival	risqué	rupture	schism
revocation	ritual	rural	scholar
revolt	rival	russet	scholastic
revolution	rivet	Russia	schooner
rewrite	roam	rustic	science
rhapsody	roaring	rustle	scissors
rheostat	roast	rye	Scripture
rhetoric	robbery		scythe
rheumatism	robin	Sabbath	season
rhinestone	robot	sabotage	secede
rhinoceros	rock	saccharin	secession
Rhode	Rockefeller	sacrament	secretary
Island	rocket	sacred	sedan
rhododen-	rococo	sacrifice	seduce
dron	Roentgen	sacrilegious	seeing
rhubarb	rogue	safety	seem
rhumba	roguish	said	segregate
rhyme	romance	salad	seize
rhythm	roofs	salami	seizure
ribald	Roosevelt	salary	seldom
ribbon	rosary	Salk vaccine	select
rickety	rose	salmon	selfish
ricksha	rosin	salve	selves
riddance	rotary	sandwich	semester
riddle	rotten	sanitation	senator
ridge	roué	sapphire	senior
ridiculous	rouge	sarcastic	sensitive

separate
September
sergeant
series
sermon
service
serviceable
settee
seventh
several
sexy
sheath
sheik
shelves
shepherd
sherbet
sheriff
shield
shillelagh
shining
shipment
shipped
should
shoulders
shouldn't
shove
shriek
siege
sieve
signature
significant
silence
silhouette
similar
sincere
sincerely
situation
sixth
skeleton
skeptical
slaughter
socialist
society

sofa
soften
solar
solder
soldier
solemn
sophisticate
sophomore
sorrow
sorry
southern
souvenir
sovereign
Soviet
   Union
spaghetti
Spaniard
special
specialty
specify
specimen
speech
spirit
sponsor
stalk
starboard
statement
stating
statistic
status
stealthy
stomach
stopped
strait jacket
strength
strenuous
strenuously
stretch
strictly
struggle
study
studying
suave

submarine
subordinate
subpoena
subscription
subsistence
subtle
suburb
suburban
succeed
success
successor
succinct
suede
sufficient
suffix
suffrage
suggest
suggestion
summary
superfluous
superintendent
supersede
supplies
supply
suppose
suppress
surface
surgeon
surgery
surmise
surplus
surprise
surround
surveillance
survey
survival
survive
suspicion
sword
syllable
syllabus
symbol
symmetrical

symmetry
sympathy
symphony
symptom
syndicate
synthetic
syringe
syrup
system

tablet
taboo
tabulate
tacit
tackle
tact
tactics
taffeta
tailor
taint
Taiwan
taking
talent
tangent
tangible
tantalize
tantrum
target
tariff
tarnish
tasting
tattered
tattle
tattoo
tawdry
teach
tearful
technical
technique
tedious
teenager
telegram

telephone
television
temerity
temperament
temperance
temperature
template
temporarily
temporary
tempt
temptation
tenable
tenacious
tenacity
tenant
tendency
tendentious
tendon
tenement
tenet
Tennessee
tenor
tension
tentacle
tentative
tenuous
tepee
tepid
tequila
terminal
terminate
termite
terms
terrain
terrestrial
terrible
terribly
terrific
terrify
territorial
territory
terror
terse

testament
testify
testimony
tetanus
textbook
textile
texture
Thailand
theater
theft
their
theirs
theme
themselves
theology
theorem
theory
therapeutic
thermo-
    nuclear
thermostat
thesaurus
these
thesis
thief
thieves
thirsty
thirteen
thorough
though
thousand
thread
threat
threshold
thrifty
thrilling
thriving
throat
thug
thwart
tiara
tickle
tier

tight
till
timid
timorous
timpani
tin
tingle
tinsel
tiny
tip-off
tirade
tithe
titillate
title
titular
toady
tobacco
toboggan
today
toga
together
toilet
token
tolerant
toll
tomato
tomb
tombstone
tomorrow
tongue
tonic
tonight
tonnage
tonsil
tonsillectomy
tooth
topic
Torah
toreador
torment
tornado
torpedo
torpor

torrent
torrid
torque
totaling
tour
tragedy
transfer
treachery
tremendous
treasurer
tried
tries
triplicate
triumph
trouble
truly
Truman
truthfully
tryst
Tuesday
tulip
tumult
turpentine
turpitude
twelfth
tying
type
typewriter
tyrant

ubiquitous
ukulele
ulcer
ulterior
ultimate
ultimatum
umbilical
umbrage
umbrella
umpire
unacceptable
unanimous

184

unavoidable
uncertain
uncle
uncommon
unconditional
unconscious
uncontrollable
uncouth
unctuous
undeniable
underground
underprivileged
understand
undertaker
underwrite
underwriter
undesirable
undoubtedly
undress
undue
unduly
undying
unearned
unearth
uneasy
unemployed
unequal
unequivocal
unerring
unfair
unfavorable
unfinished
unfit
unforgettable
unfortunate
unfriendly
ungodly
ungrateful
unhealthy
unholy
uniform

unify
unilateral
unimpeachable
unique
unison
unit
Unitarian
United Nations
United States
unity
universe
universally
university
unkempt
unknowable
unmistakable
unnamed
unnatural
unnecessary
unoccupied
unorganized
unpleasant
unpopular
unprecedented
unprejudiced
unprincipled
until
usable
used to
useful
using
usually
U Thant

vaccination
vacillate
vacuum
valentine

valid
valor
valuable
valve
vandal
vanilla
vanish
vanity
vapid
vaquero
variable
variety
various
vase
vassal
Vatican
vaudeville
vector
vegetable
vehement
vehicle
veil
vein
velocity
venal
veneer
venerable
veneration
Venetian
vengeance
Venice
venom
venomous
ventilate
ventilation
ventriloquist
veracity
verbal
verbally
verifiable
verification
verify

verily
verity
vermin
vermouth
vernacular
versatile
verse
versification
versify
versus
vertebra
vertebral
vertebrate
vertical
vessel
vested
vestibule
vestige
veterans
veterinary
vetoes
vex
viable
vibrant
vice
vicinity
vicious
victim
victory
victuals
Viet Nam
vigil
vigilance
vigor
vigorous
vilify
village
villain
vindicate
vinegar
violet
violin
viper

virgin	wassail	wither	yacht
virtue	wastage	withhold	yearned
virulence	waylaid	wives	yellow
virulent	wealth	wizard	Yemen
visage	weapon	wolves	yeoman
visible	weather	womb	yesterday
vital	wedding	women	yield
vitally	Wednesday	won	yodel
vitamin	weird	wondrous	yoga
vitiate	welcome	world	yogi
vivid	welfare	worm	yogurt (or
vocabulary	western	worship	yoghurt
voice	whereof	worsted	yonder
volume	whether	wound	you all
voluntary	while	wrangle	youngster
vomit	whipper-	wrath	yours
vulgar	snapper	wreath	yourself
	whippoorwill	wreck	
	whisk broom	wrestle	
wafer	whiskey	wretch	zeal
wagon	whisper	wriggle	zenith
waken	whistle	wrinkle	zephyr
wallet	white	wrist	Zeus
walnut	who	writhe	zinc
wanton	wholesale	writing	zither
warble	wholesome	written	Zodiac
warden	wicked	wrong	zoology
warehouse	wild		
warning	wilderness		
warp	wince	Xavier	
warranty	wintry	Xmas	
warrior	Wisconsin	X-ray	
wary	wisdom	xylophone	